애덤 스미스의 이해

애덤 스미스의 이해

이먼 버틀러 지음
김 정 완 옮김

도서출판 대영문화사

Adam Smith — a Primer
By Eamonn Butler
Translated by Jeongwan Kim

First Published in Great Britain in 2007 by The Institute of Economic Affairs
2 Lord North Street, Westminster, London SW1P 3LB, UK
in association with Proflle Books Ltd

차 례

옮긴이의 말

이 책은 이먼 버틀러(Eamonn Butler) 박사가 2007년에 영국의 경제문제연구소(The Institute of Economic Affairs: IEA)를 통해 출간한 『애덤 스미스의 이해(*Adam Smith—A Primer*)』를 우리말로 옮긴 것이다. 버틀러는 이 책에서 『국부론(*The Wealth of Nations*)』을 비롯한 스미스의 다양한 저서를 소개하면서 그 철학과 사상을 간결하면서도 논리적이고 호소력 있게 전달한다. 무엇보다도 버틀러는 스미스가 자유방임적인 자본주의[1]와 이기적인 자본가들의 이익을 대변했다는 오해를 불식시키는 데 노력하고 있다.

만약 우리가 스미스를 시장 경제 원리의 신봉자로서 자유방임적인 국가관을 제시한 학자로 알고 있다면 그를 매우 단편적으로 평가하고 있으며, 더 나아가서는 '미덕이 넘치는 공동체(virtuous community)' 건설이라는 그의 이상을 간과하는 어리석음을 범하게 된다.

『국부론』(1776)이 그의 대표적인 저서로 알려져 있으나 이보다 17년 전에 출간된 『도덕적 감정론(*The Theory of Moral Sentiments*)』(1759)이 스미스의 사상과 철학의 정수(essence)

1) 스미스는 자본주의(capitalism)라는 용어를 사용한 적이 없다. 자본주의라는 용어는 사회주의 학자들이 자본가 중심의 분배 체제를 비판하는 과정에서 제시된 개념으로서 마르크스(Karl Marx, 1818-83)의 『자본론』에서 체계화되었다. 그 후 베버(Max Weber)의 『개신교 윤리와 자본주의』는 자본주의 긍정적인 측면을 인정하면서 그 발생 근거를 개신교 윤리에서 찾고 있다.

를 포괄적으로 담고 있다. 『도덕적 감정론』에서는 본성(nature)에 의해 동기가 부여되는 개인들이 상호작용을 통해서 조화롭고 호혜적인 공동체를 형성해 가는 과정과 방법을 규명한다. 『국부론』은 『도덕적 감정론』의 연장선으로서 스미스가 진화론적[2] 관점에서 개인·사회·국가·국제사회 순으로 단계별로 성장해 가는 공동체 유형 중에서 국가에 중점을 두고 '미덕이 넘치는 공동체'의 원리를 제시하고 있다. 따라서 스미스의 사상과 철학을 온전히 이해하기 위해서는 『도덕적 감정론』에 대한 선행 연구를 통해 『국부론』의 진정한 의미를 파악해야 한다.

스미스가 묘사한 사회는 신기루와 같은 이상향이나 냉혹한 자본주의가 아닌 상호 이해와 적절한 분배를 바탕으로 한 '미덕이 넘치는 공동체'이다. 스미스는 이러한 사회를 제시하면서 무엇보다도 인간의 마음과 본성이 상호 작용을 통해 공동체를 구성해 가는 원리와 과정을 주로 다루었다는 점에서 사회심리학자(social psychologist)로 간주될 수 있다. 또한 자신의 논리를 전개하는 데 비록 서술적(descriptive) 형태에 머무르고 있지만 자신의 가치가 내재된 새로운 사회 질서를 지향했다는 점에서 사회공학자(social engineer)로 평가할 수 있다.

스미스는 『도덕적 감정론』에서 인간의 동기 요인은 고매한 이성(reason)이나 종교적인 권위(deity)가 아닌 본성(nature)이라는 점을 분명히 하고 있다. 인간의 본성은 자신의 현재 위치를 개선하고자 하는 욕구로서 이해타산(prudence)·자기이

---

2) 스미스(Adam Smith, 1723-90)는 다윈(Charles Darwin, 1809-82) 이전의 인물이기 때문에 진화론이라는 단어를 사용하지는 않지만 사회 구성에서 진화론적인 관점을 견지하고 있다.

익(self-interest)·자기사랑(self-love) 등으로 정의된다.[3] 이러한 인간의 이해관계는 탐욕(greed)이나 이기심(selfness)과 구별된다. 사회 구성원으로서 인간은 기본적으로 사회성의 성향과 욕구를 가지고 있기 때문에 자신의 이해관계를 다른 사람의 관점에서 평가하고 조정할 수 있는 능력을 보유하고 있다. 구성원들은 공평한 관찰자(impartial inspector)로서 자신의 욕구가 사회적으로 수용될 수 있는지를 평가한다. 이 과정에서 구성원 모두가 다른 사람에 대한 감정이입(empathy)[4]을 통해 자신의 이해관계가 사회적으로 수용될 수 있도록 자제(self-restraint) 메커니즘을 작동시킨다. 그 결과 구성원들의 이해관계는 양심(conscience)으로 순화(domesticated)되고 양심을 사회적으로 규범화한 것이 도덕적 규칙(moral rule)이고 정치적으로 제도화한 것이 법(law)이다. 법의 지배(rule of law)가 확보된 사회가 정의로운 사회이다. 스미스는 '미덕이 넘치는 공동체'를 지향하면서 이와 같은 논리적인 규범화 과정에 덧붙여 이타심(beneficence)의 중요성을 강조한다. 자기희생(self-sacrifice)을 통한 공동의 가치 실현을 강조하고 있으며, 궁극적으로는 국경을 넘어 사해동포(四海同胞) 형제들의 행복과 인류에 대한 애정을 강조한다.

이상에서 보는 바와 같이 스미스는 '미덕이 넘치는 공동체'의 요건으로서 본능·감정이입·자기규제·양심·정의·이타

3) 이해타산이나 자기이익은 자신의 이해관계를 증진하고자 하는 본성이라는 점에서 같은 의미를 갖고 있다. 다만 『도덕적 감정론』에서는 이해타산, 『국부론』에서는 자기이익이라는 단어를 주로 사용한다.

4) 스미스는 『도덕적 감정론』에서 공감(sympathy)이라는 용어를 사용하나 현대적 관점에서 정의하면 감정이입(empathy)에 해당된다.

심・인류애를 제시한다. 스미스는 이러한 공동체의 요건에 따라 개인・사회・국가・국제 관계가 순차적으로 형성되어 간다는 진화론적인 관점을 견지한다. 또한 스미스가 제시한 바와 같이 본성에 의해 동기 부여되는 개인들이 공동체를 구성하는 과정을 '보이지 않는 손(invisible band)'[5]으로 설명할 수도 있다. 이는 개인들에 의한 공동체의 구성이 사전에 설계된 계획이나 종교적인 권위와 같은 외부적이고 의도된 요인보다는 구성원들의 본능적이고 자발적인 요인에 의해 이루어진다는 점을 보여 준다. 이러한 관섬에서 스미스의 접근 방법은 인본주의적(humanitarian)이라고 평가할 수 있다.

스미스는 다양한 인간 공동체 중에서 국가를 가장 현저한 현상으로 생각한다. 따라서 무엇보다도 국가를 '미덕이 넘치는 공동체'로 발전시킬 필요가 있었으며 『국부론』이 이에 대한 비전을 담고 있다. 『국부론』은 법・정치 제도・정부 역할 등 국가 운용에 관한 다양한 요소를 내포하고 있는 국가 경영에 관한 텍스트이지만 기본적으로 경제학적인 요소를 많이 포함하고 있다. 따라서 『국부론』은 경제적인 관점에서 국가를 '미덕이 넘치는 공동체'로 만드는 데 목표를 둔다.

『국부론』의 본질을 이해하기 위해서는 먼저 그 시대적 배경

5) 『국부론』에서 '보이지 않는 손'에 대한 언급은 단 한 차례 발견할 수 있다. 개인들이 자신의 이익을 위해 국외보다는 국내 산업에 투자하고, 가치 없는 사업보다는 가치 있는 사업에 투자함으로써 '보이지 않는 손'에 의해 국부(國富)가 증진된다는 것이다. 개인들은 국부의 증진을 의도하지 않고, 어느 정도로 증진되는지도 모른다. 다만 그들은 투자의 안정성을 위해 국외보다는 국내에 투자하고, 수익을 높이기 위해 더 가치 있는 사업에 투자한다는 것이다(*The Wealth of Nations*, Book IV, ch. II, p. 456, para. 9).

을 파악할 필요가 있다. 18세기 유럽은 중상주의(重商主義, mercantilism)와 산업혁명으로 특징지어질 수 있다. 중상주의 체제에서는 국왕이 절대 권력을 장악해 신흥자본가들에게 해외 식민지 개척을 위한 다양한 특권을 제공하고, 신흥자본가들은 그 대가로 국왕에게 통치 자금을 제공하는 공생 관계가 형성되었다. 또 다른 한편에서는 산업혁명에 의해 부분적으로 기계가 도입되면서 자본가와 노동자 간의 빈부 격차가 확대되어 가는 상황이었다. 중상주의와 산업혁명으로 총량적인 국부가 증가됨에도 불구하고 일반 국민의 생활 여건은 상대적으로 나빠지기 시작했다. 따라서 스미스는 『국부론』에서 중상주의의 정책적 폐해를 지적하고 국민 모두가 경제적 혜택을 균등하게 향유할 수 있는 대안을 제시한다. 그렇다고 해서 스미스는 중상주의 대안으로서 자유방임적인 정부를 주장하지 않았으며, 분배에서 자본가와 노동자 간의 대립적인 관점을 제시하지도 않았다.

먼저 중상주의에 대한 대안으로서 한정된 정부 역할과 절도 있는 국정 운영을 강조한다. 정부는 기본적으로 수입을 민간 부문에 대한 강제적인 조세에 의해 확보할 수 있기 때문에 낭비적일 수밖에 없다는 점을 지적한다. 따라서 특혜와 규제에 관한 정부 기능을 가능한 억제해 민간 부문으로 하여금 경쟁을 통해 사회적 후생을 증진하도록 해야 한다. 정부 기능 또한 국방・외교・치안・기간 산업・교육 등에 한정시킬 것을 제안하고, 국정 운영에서도 수익자 부담 원리와 시장 경제 원리를 도입할 것을 주장한다. 예를 들면 가분적인(divisible) 편익을 발생하는 정부사업의 경우 소요 재원은 공채에 의해 조달하고 그 원리금은 수익자 부담에 의해 상환할 것을 제안한다.

그렇다고 하더라도 무분별한 공채의 발행은 경계하며 건전 재정을 강조한다. 순수 공공재의 경우에만 조세 수입에 의존하도록 하고 이때에도 수익자 부담 원리 적용이 다소 용이하도록 국세보다는 지방세를 우선적으로 고려할 것을 제안한다. 더 나아가 조세 부담에서도 균등한 소득 분배를 위해 현행 특별소비세와 누진소득세와 같은 형평화 세원의 필요성을 제기하기도 한다.

스미스는 민간 부문에서는 국부의 증진과 분배를 동시에 고려한다. 국부를 증진하기 위해서는 일차적으로 자본가의 투자를 강조한다. 투자를 통해 생산 규모를 확대함에 따라 노동자들의 일자리와 함께 소득 수준이 증가된다는 것이다. 이와 더불어 생산 규모의 확대와 함께 분업(division of labor)이 동반되고, 분업을 통해 모든 저층의 국민들에게까지 부(富, pulence)가 분배된다. 실제로 스미스의 분업은 생산의 효율성보다는 분배의 공평성에 더 중점을 두고 있다. 더 나아가 생산된 제품은 교환 과정을 통해 필요로 하는 모든 국민에게 분배되며 그 과정에서 국부가 증대된다는 점을 제시한다. 중상주의는 국부를 금고 속의 은괴와 금괴의 규모로 측정한 반면에 『국부론』은 생산·분배·교환·소비 과정 중에서 발생하는 부가가치(value-added)인 오늘날의 국내총생산(GDP)의 개념으로 파악하고 있다. 또한 투자·생산·분업·교환으로 이루어지는 일련의 부의 증대 과정은 한 국가에만 국한되는 것이 아니라 국제적으로 확대됨에 따라 전 인류의 후생 증대와 세계 공동체 실현에도 기여하게 된다. 중상주의는 근린 국가의 빈곤화에 의한 국부 증대를 추구한 반면에 『국부론』은 국가 간의 협력적 동반 성장의 가능성을 제시한다.

국부의 증진을 위해서는 무엇보다도 한계저축 성향이 높은 자본가의 투자가 절실하다는 점을 인정하고 투자 증대를 위해 현행 법인세와 같은 조세의 폐지를 주장한다. 또한 생산된 재화의 가치를 토지·노동·자본의 요소 가격에 의해 접근함으로써 생산 주체들 간의 상생적 협력 관계를 강조한다. 이 점에서 재화의 가치는 노동에 의해 결정된다는 마르크스(Karl Marx)의 노동가치설과 구별된다. 또한 부자들과 빈자들 간의 대립적인 관계보다는 상호 보완적인 관계를 인정하고 있다. 부자들이 자신의 생산을 확대하기 위해 고용을 증대하거나 자신의 효용을 증대하기 위해 소비를 확대하는 경우에도 자신의 재산을 '보이지 않는 손'에 의해 공동체의 구성원에게 분배하게 된다는 것이다. 모든 부의 분배 가능성을 제시하고 있으며 지구도 인구별로 동일하게 분배될 수 있었다면 공평하게 분배되었을 것이라고 주장한다.[6]

중상주의나 『국부론』 모두 국부의 증진에 관심을 가졌다는 점에서 동일하지만 중상주의가 국왕과 전쟁을 위한 국부였다면 『국부론』은 국가와 국민을 위한 국부를 강조한다. 분업에 의한 생산 방식을 도입함으로써 생산의 과실을 모든 구성원으로 하여금 공유하도록 하고 교환을 활성화함으로써 모든 구성원의 수요를 충족시켜 주고자 한다. 이와 같은 스미스의 정치경제는 민본주의(民本主義)에 기초한다. 이러한 스미스의 민본주의는 분업화된 생산 방식이 확대됨에 따라 단조로운 반복 업무 수행에서 야기되는 노동자들의 소외(疎外, alienation)[7]

---

6) *The Wealth of Nations*, part IV, ch. I, pp. 184-5. para. 10.

7) 소외에 대한 정의는 학자에 따라 다양하게 논의되고 있다. 마르크스는 재화의 가치는 노동에 의해서 결정됨(노동가치설)에도 불구하고 노동자들

에 대한 염려와 함께 이를 해소하기 위한 정부의 교육 기능 확대를 주장하는 수준에까지 이르게 된다.

이와같이 스미스가 주장하는 '미덕이 넘치는 공동체' 이념은 상생(相生)을 화두로 하는 현대의 모든 인간관계를 이끌 수 있는 신개념으로 간주될 수 있다. 스미스는 자신의 논리를 전개하면서 비록 서술적으로 형태를 취하고 있지만 새로운 시대적 질서 형성이라는 과업을 떠맡고 있는 현대인에게 강력한 규범적 메시지를 전달한다. 따라서 스미스의 사상과 철학은 이기주의·적자생존·국수주의의 이념적 한계 직면해 대안적인 원리를 갈구하고 있는 우리에게 새로운 빛을 제공하고 있다고 평가할 수 있다.

옮긴이는 무엇보다도 원저서를 통해 미래 사회의 새로운 패러다임의 역할을 할 수 있는 스미스의 아이디어의 정수를 함축적으로 파악할 수 있기 때문에 번역하게 되었다. 원저서는 비교적 평이한 문체로 구성되어 있으며, 방대한 스미스의 저술들을 요약해 주요 논점별로 제시하고 있다는 점에서 학술적

이 정당한 분배를 받지 못하고 착취당함에 따라 박탈감을 느껴 소외가 발생한다고 주장한다. 베버는 현대 사회에서 계층제·대규모성·비사인성(impersonality)을 특징으로 하는 관료제가 보편적인 조직 형태로 발전함에 따라 구성원이 인간으로서 주체성을 상실하고 기계의 부속품으로 전락하는 느낌을 소외라고 규정하고 있다. 반면에 스미스는 분업화 과정에서 구성원들이 단조로운 업무를 반복적으로 수행함에 따라 느끼는 무의미성으로 소외를 정의한다. 스미스는 산업화와 분업화가 진전됨에 따라 소외가 발생한다는 점과 이를 해소하기 위한 정부의 교육 기능을 강조한다. 이러한 스미스의 소외에 대한 접근은 인류 지성사에서 획기적이고 최초이고 소외를 해소하기 위한 구체적인 방법론을 제시했다는 점에 그 의의가 있다.

가치가 크다고 볼 수 있다. 번역자들은 항상 번역 과정에서 원저서의 사전적 의미에 충실할 것인가, 아니면 독자들의 이해를 우선할 것인가에 대해 갈등에 직면하게 된다. 이러한 고민 속에서 옮긴이는 독자 주권의 관점에서 원저자의 의도에서 벗어나지 않는 범위 내에서 독자들의 이해를 최대한 배려하는 쪽을 택했다. 직역보다는 의역에 중점을 두고 필요에 따라서는 풀어쓰기도 하고 역자 주를 삽입하기도 했다. 그리고 독자들이 원저서를 인용하거나 원저서와 비교 연구하는 데 도움을 주고자 본문의 왼쪽 여백에 원저서의 페이지를 표시했다.

원저서는 2007년 영국의 경제문제연구소(The Institute of Economic Affairs: IEA)에서 처음 출간된 후 그 다음 해에 재판되었다. 이 역서는 출판사인 영국 경제문제연구소와 판권 협약을 맺고 번역했다. 경제문제연구소는 1955년 피셔 경(Sir Anthony Fisher)이 설립한 연구소로서 시장 존중·탈규제·민영화·자율화 등의 자유주의 정치경제 사상을 전파하는 메카로 자리매김하고 있다.

원저자인 이먼 버틀러는 애덤 스미스 연구소(Adam Smith Institute)의 이사로서 연구소 설립 당시부터 주도적인 역할을 수행하고 있으며 현재 애덤 스미스에 대한 대표적인 연구자로 평가받고 있다. 원저자와 출판사의 학문적 비중과 위상이 번역자에게 부담으로 작용하기도 했으나 스미스의 철학과 사상을 국내에 소개할 수 있다는 자부심과 함께 책임감을 느낀다. 무엇보다도 한국어판의 출간을 허락해 준 영국 경제문제연구소의 편집이사인 필립 부스(Philip Booth) 교수님께 감사의 뜻을 표한다. 또한 번역서라는 한계에도 불구하고 새로운 학술 이론의 보급이라는 순수한 학문적 동기에서 출판을 흔쾌히 수락해 주신 도서출판 대영문화사의 임춘환 사장님과 임직원들께 깊은 사의를 표한다.

2012년 3월
왕방산 기슭 연구실에서
옮긴이 씀

∷ 지은이 소개

p. 8 이먼 버틀러(Eamonn Butler) 박사는 사회의 필수적인 서비스의 공급에서 선택과 경쟁을 고양할 수 있는 유력한 정책을 제안하는 연구기관인 애덤 스미스 연구소(Adam Smith Institute)의 이사이다. 그는 경제학·철학·심리학 학위를 갖고 있으며, 1978년에 세인트 앤드류 대학교(Univ. of St Andrews)에서 박사학위를 받았다. 1970년대에는 워싱턴 DC의 미 하원에서 연금과 사회복지 문제를 연구한 바 있다. 영국으로 돌아와서는 『브리티시 인슈어런스 브로커(*British Insurance Broker*)』의 편집인으로 근무하다가 애덤 스미스 연구소 설립 당시에 힘을 보탠 이후부터 이곳에서 연구에 전념하고 있다. 버틀러 박사는 수많은 경제이론과 현실에 관한 저서와 논문의 저자이면서 지능과 IQ 테스트에 관한 많은 저서를 공동 저술했다.

∷ 서문: 앨런 피콕(Alan Peacock)

p. 9 나는 에든버러대학교(Univ. of Edinburgh)의 '상거래의 경제와 법(Commercial Economy and Mercantile Law)' 관련 분야의 교수로 임명된 직후인 1958년에 하버드대학교의 세미나에 초청받았다. 그 당시는 애덤 스미스의 논조를 포함하고 있는 갤브레이스(John Kenneth Galbraith)의 『풍요한 사회(*The Affluent Society*)』가 출간된 직후였다. 그 당시 갤브레스는 많은 강의 요청을 받았기 때문에 나의 하버드대학교 친구는 내가 그와 점심을 함께 할 수 있도록 주선한 것을 자랑스럽게 생각했다. 갤브레이스는 자신의 손님인 나를 안심시키기 위해 말을 꺼냈다. "앨런, 세계에서 가장 저명한 연구소의 소장 자리를 맡는 것에 대해 어떻게 생각합니까?" 그때 나는 깜짝 놀라 "현재 에든버러 연구소의 소장 자리는 1870년 에든버러 상인회사(Merchant Company of Edinburgh)에 의해 설립되어 지금까지 재정 지원을 받고 있다"라고 상세히 대답하고 "경제학자는 원래 경기순환 예측이나 하는 것이다"라고 분명하게 대답했다. 그러나 갤브레이스는 나에게 애덤 스미스가 담당했던 연구소의 소장 자리를 맡아야 한다는 주장을 굽히지 않았다. 나는 이에 유감의 뜻을 표했다. 나는 스미스와 다른 대학, 다른 주제, 다른 세기의 사람이라고 대답했다. (여러분이 알다시피 스미스는 글라스고대학교의 '논리 및 도덕철학과'의 교수였다.) 이렇게 하여 우리의 점심 회동은 성공적인 결과를 도출하지 못했다.

그 후 나는 스미스가 비록 에든버러에서 학교의 직위를 보유하지 않았지만 그곳과 많은 연관이 있다는 사실을 알게 되었다. 따라서 내가 일전의 점심 식사 자리에서 갤브레이스가 나에게 스미스 연구소의 소장 자리를 제안한 것은 갤브레이스의 잘못된 판단이라고 대답했던 것에 대해 약간 후회하고 있었다. 스미스는 이곳에서 가까운 곳에 묻혀 있고 그를 기념해 스코틀랜드에 세워지는 최초의 동상을 곧 보게 될 것이다. 이는 애덤 스미스 연구소(Adam Smith Institute)의 진지한 노
p. 10 력, 특히 스미스의 사고에 대한 이와같이 훌륭한 입문서를 저술한 이먼 버틀러 박사의 노력에서 비롯되었다.

나는 한 스코틀랜드인인 스미스에 대한 이해와 찬사 그리고 스미스에 대한 남다른 관심을 보이고 있는 다른 학자들과 마찬가지로 『국부론(*The Wealth of Nations*)』에 대해 주의를 집중시켜 왔다. 그러나 나는 스미스의 『도덕적 감정론(*The Theory of Moral Sentiments*)』이 도덕성에 대한 그의 인식 그리고 개인들이 타인과 일상적인 거래를 하는 데 어떤 행동 성향과 의무를 보이는가에 대한 그의 분석을 위한 이정표를 형성했다는 점을 완전히 인식하지 못했었다.

틀림없이 가빈 케네디(Gavin Kennedy) 교수의 권위 있는 서문을 통해 보증을 받고 있는 스미스에 관한 이 입문서는 그의 도덕적 철학과 경제학적 분석을 결합시키는 것은 스미스에게 전혀 문제가 되지 않는다는 점을 분명하게 보여 줄 것이다. 이 입문서는 그가 자본주의(이 단어는 스미스의 어느 곳에서도 발견할 수 없다)와 이윤 추구를 위한 유산 계층의 대변자라는 현재의 통념에 대한 해명을 제공하고 있다. 이 입문서는 이러한 점을 특징으로 하며, 『도덕적 감정론』에서 설명된 인간 행동의 도덕적 기초에 대한 스미스의 견해를 해석하는 데

주의를 집중시킴으로써 스미스는 기본적으로 사회심리학자(social psychologist)로 간주되어야 한다는 버틀러의 주장에 정당성을 부여한다.

나는 버틀러 박사가 스미스의 생애와 시대적인 상황뿐만 아니라 전문가라면 반드시 관심을 가져야 할 분야에서 근본적인 방향 선회를 다루는 단행본을 저술했다는 점을 분명히 인정한다. 이러한 점은 내가 바라던 바이다. 왜냐하면 나는 독자들로 하여금 내가 보유하고 있는 만큼의 많은 연구를 음미하도록 하고 싶기 때문이다.

앨런 피콕(Alan Peacock)
헤리엇-와트(Heriot-Watt)대학교,
에든버러 경영대학, 공공재정 명예교수

p. 11 이 책에서 표현된 견해는 다른 모든 IEA의 저술과 마찬가지로 연구소(공통된 견해를 갖고 있지 않으며)의 견해가 아닌 저자 자신의 견해이다. 더 나아가 연구소의 관리자, 자문위원, 고위 직원들의 견해와도 별개이다.

감사의 글

p. 12 매드슨 피리에(Madsen Pirie) 박사와 가빈 케네디(Gavin Kennedy) 교수의 의견 제시에 감사드리며, 리스 데이비스(Lis Davies)의 인용문 작성에 대해 고마움을 표한다.

요약

p. 13 • 국가의 부(富)는 중상주의자들이 믿었던 바와 같이 금고 속의 금과 은의 양이 아니라 오늘날 국내총생산(GDP)이라고 부르는 생산과 교환의 총액이다.

• 교환 경제에서는 양 당사자 모두가 이득을 본다. 만약 교환을 통해 손해를 입을 것이라고 생각한다면 아무도 참여하지 않을 것이다. 그러므로 수출이 다른 사람들에게 가치 있는 것처럼 수입도 우리에게 이롭다. 우리 자신이 부유해지기 위해 다른 사람들을 가난하게 할 필요가 없다. 실제로 우리의 고객이 부유해진다면 우리는 더 많은 것을 얻게 된다.

• 교환에 대한 규제는 잘못 설정된 것이며 생산을 저해한다. 번영은 조세, 수입 관세, 수출 보조금, 국내 산업의 보호 등의 조치에 따라 위협을 받는다.

• 한 국가의 생산 능력은 분업과 그로 인해 가능해진 자본의 축적에 달려 있다. 산출의 확대는 생산 활동의 세분화와 이를 통한 전문화에 의해 이루어진다. 이는 생산자들에게도 투자를 위한 잉여를 제공한다.

• 한 국가의 장래 소득은 자본 축적 비율에 달려 있다. 더 많은 자본이 좀 더 양호한 생산 과정에 투자될수록 장래에 더 많은 부가 생산된다.

p. 14 • 자유로운 거래와 경쟁이 보장될 때 시장 시스템은 자동적으로 가장 긴급한 수요에 중점을 두게 된다. 재화가 희소한 곳에서 사람들은 더 많은 돈을 지불할 준비가 되

어 있다. 공급을 통해 더 많은 이윤을 얻을 수 있다면 생산자는 더 많은 생산을 위해 자본을 투자한다.

- 번영은 개방적이고 경쟁적인 시장이 존재하고, 강제 없이 자유롭게 교환이 이루어지는 곳에서 급격히 진행된다. 국방, 사법, 법의 지배(the rule of law)는 이러한 개방성을 유지하기 위해 필요하다. 자유와 자기이익(self-interest)의 추구는 혼란을 초래하지 않고 '보이지 않는 손(invisible hand)'에 의해 조정되는 것처럼 질서와 화합을 이룬다.
- 각종 특혜는 자신의 이익을 위해 시장을 왜곡시키는 데 정부 권력을 이용한다. 기업가와 전문 직업인들은 경쟁을 억제하는 규제를 강화할 수 있다. 다른 사람들로 하여금 특정한 거래를 하지 못하도록 하는 진입 규제(entry barrier)가 대표적인 예에 속한다.
- 조세는 소득에 비례해야 하고 납부에는 확실성과 편이성(便易性)이 유지되어야 한다. 징세 비용은 저렴해야 하고 사업을 방해하지 않아야 하며, 탈세를 조장할 수 있는 번거로움이 없어야 하고 세무 공무원의 잦은 방문을 필요로 하지 않아야 한다.
- 인간은 다른 사람에 대한 자연적인 '동정심(sympathy)' 혹은 감정이입(empathy)을 보유하고 있고 이로 인해 자신의 행태를 조정하고 화합을 유지한다. 또한 이것이 행태에 대한 도덕적 판단의 기준이 되고 인간 미덕의 근원이 된다. 이러한 인간의 본성은 열망가(zealots)나 공상가들(visionaries)의 우쭐되는 논리보다 조화로운 사회를 건설하는 더 좋은 지도 원리가 된다.

∷ 책 소개: 가빈 케네디(Gavin Kennedy)*

p. 15 이먼 버틀러(Eamonn Butler) 박사는 애덤 스미스의 생애와 사고에 대한 탁월하고 권위 있는 입문서를 저술했다. 이 책은 내가 알기에는 간결하면서도 가장 훌륭한 입문서로서 모든 사람으로 하여금 스미스의 진정한 모습을 알 수 있도록 하고 있다.

버틀러는 지난 수년 동안 논란이 된 애덤 스미스의 정치경제를 분명하게 정리하고 있다. 버틀러는 스미스의 생애와 저술에 대한 논의를 통해 지난 18세기 후반기까지의 영국 사회의 진화에 대한 스미스의 통찰력을 정확하게 제시하고 있다.

애덤 스미스는 『국부론』 발간 17년 전에 그동안 덜 알려진 『도덕적 감정론(*The Theory of Moral Sentiments*)』을 출간했었다. 두 저서의 시차 기간 동안 스미스는 자선(benevolence)의 도덕적 가치를 인간 행동의 동기 유발 요인인 탈도덕적인 자기이익(amoral self-interest)으로 대체시켰다고 볼 수 있다. 1762~3년 기간 동안 익명의 수강생의 강의 노트를 통해 그간 스미스의 강의 대부분이 1776년의 『국부론』에 그대로 재등장하는 것을 알 수 있다. 마찬가지로 1751~64년 기간 동안의 윤리학에 대한 강의를 1759년 『도덕적 감정론』으로 출간했다. 그 결과 그는 인간의 동기 유발에 대해 동시에 상반된 견해를 보유했었다고 평가되지 않는다.

---

* 가빈 케네디는 헤리엇-와트(Heriot-Watt)대학교의 명예교수이고 2005년 팔그레이브 맥밀란(Palgrave Macmillan)출판사에서 출간한 『애덤 스미스의 잃어버린 유산(*Adam Smith's Lost Legacy*)』의 저자이다.

p. 16 스미스는 도덕철학자였고 18세기 경제학은 아직 독립된 학문 분야가 아니었다. 실제로 경제학은 19세기 후반에야 독립된 학문으로 발전했다. 스미스 이전과 동시대에 경제학적 주제에 대한 소책자를 저술한 학자들은 많았고(예일대학교는 16~18세기 기간 동안의 수천 권의 저술을 보유하고 있다), 몇몇 저자는 경제학의 발전에 기여했다. 그러나 아무도 애덤 스미스가 시도했던 바와 같은 종류와 규모의 종합적인 연구는 하지 않았다.

스미스 이전의 정치경제는 외국과의 전쟁 수행에 필요한 재원을 조달하기 위해 금괴와 은괴에 의해 통치자와 국가를 부유하게 하는 데 중점을 두었다. 반면에 『국부론』은 정치경제의 관심을 매년 토지와 노동의 생산물에 의해 소비자를 부유하게 하는 일로 전환시켰다. 『국부론』은 교과서는 아니고 오직 부의 특성과 부의 증가 요인에 대해서 구체적으로 다룬다.

제Ⅰ권과 제Ⅱ권은 교환의 욕구, 노동의 분업, 생산 요소, 시장의 역동성, 그리고 참여자들 간의 수입 분배와 같은 인간 사회의 분명한 특징들을 제시한다. 제Ⅲ권은 원시 '수렵'에서 '목축'과 '농업'을 거쳐 상업의 시대에 접어들기까지의 18세기 당시 영국을 사회진화론의 맥락에서 설명하고, 5세기 로마의 몰락이 서부 유럽의 자연적 진보를 어떻게 저해했는가를 보여준다.

15세기 이후 유럽의 경제 회복은 스미스가 '중상주의 상업(mercantile commerce)'이라고 규정하는 정책의 반대급부 형태로 이루어졌다. 제Ⅳ권은 이러한 중상주의 정책을 맹렬히 비난했다. 실제로 그는 국가의 부는 금괴와 은괴의 축적으로 이루어진다는 인식과 국가는 무역 수지가 중요하기 때문에 수입보다는 수출을 더 많이 해야 한다는 인식을 원초적인 오류로 규정한다. 더 나아가 그는 국내 경제가 독점 기업의 보호, 노동자의 고용과 이동에 대한 규제, 자연적인 시장의 자율성에 대한 간섭 등에 의해 성장한다는 주장에 대해 더욱 강하게 비판한다. 이러한 중상주의 오류를 치유하기 위한 스미스의 처방은 시장의 자발적인 작동을 방해하는 간섭(interventions)
p. 17 으로부터 시장을 자유롭게 하는 데 중점을 둔다. 그는 개인 상호간의 토지·노동·자본의 결합에 의한 자연적인 경제성장률을 촉발시키고, 시장 판매가 가능한 재화를 생산할 수 있도록 하기 위해 생산된 산출물의 자발적인 교환을 확대하고자 한다. 그에 의하면 자본의 소유자는 지주에 대한 지대, 노동자에 대한 임금, 상인과 생산자에 대한 이윤을 지불한 후에 그들의 순수한 이윤을 추가적인 생산 활동에 재투자한다. 그리고 생산과 교환의 연속적인 순환 과정을 통해 사회의 토지와 노동의 연간 생산으로부터 실질적인 부가 창출되고, 다시 부는 '순환의 거대한 바퀴'의 연속적인 운행을 통해 완만하고 점진적으로 확대되어 간다.

스미스는 제V권에서 정부의 적절한 역할을 강조하면서 기본적인 기능을 제시했다. 즉 국방·사법 그리고 상업 활동을 가능하게 하는 공공시설과 제도, '모든 국민'에 대한 평생 교육, '심각한 질병'에 대한 방지 대책, '주권자'의 권위 유지, 일반 국민에 대한 과세와 수익자에 대한 부담금의 징수를 통한 각종 정부 활동을 위한 재원 마련 등이 이에 해당된다(공공시설의 재원은 가능한 조세보다는 공채에 의해 조달하고 향후 수익자 부담금에 의해 상환한다).

『국부론』은 그 당시의 정치 경제에 대한 중상주의 원칙의 본질적인 유해성을 설파하고 있다. 그 당시에는 로마의 멸망으로 인한 침체에서 유럽이 회복되어 가고, 군벌과 봉건주의가 해체됨으로써 영속적인 국민국가(nation-states)의 출현 과정에서 중상주의가 확대되고 있었다. 『국부론』은 이러한 시대적인 배경에서 비롯되었다. 현대의 관련 학자들은 『국부론』 이후 지난 200년 동안의 추가적인 연구와 조사를 통해 스미스의 중상주의에 대한 견해를 쉽게 평가할 수 있게 되었다.

p. 18 당시 서부 유럽의 대다수의 국민은 절대적으로 가난했다. 그들의 절대 빈곤과 박해는 20세기 초기까지 북미·남아프리카·호주 등지로의 이민을 촉발하는 주요한 요인으로 작용했다. 스미스는 빈곤이라는 사실을 넘어 빈곤의 원인인 부(富) 창출의 부재(absence of wealth creation)에 관심을 가졌다. 이에 대한 처방을 부를 창출할 수 있는 조건의 조성이라는 사회 내부의 요인에서 찾았다. 그의 인류 연구에 대한 역사적 접근 방법은 이를 위한 것이었다. 스미스의 저서에서 그리스 고전과 라틴 저술의 인용과 사례들을 두루 발견할 수 있다. 그는 이를 통해 자신의 주장을 완전히 시적으로 표현하고자 했다. 그는 18세기 계몽주의(Enlightenment) 시대의 주요 인물들이 이상향(utopia)을 지향하는 것과 달리 사회의 근원에 대한 회고적인 관점을 견지했다. 실제로 유토피아와 같은 낭만주의(romanticism)는 18세기보다는 19세기에 번창했다.

야만적인 군벌과 봉건주의에 빠져 있던 유럽의 문명은 비록 더디고 완만하게나마(slowly and gradually, 스미스의 저서에서 자주 발견되는 단어임) 회복되고 있었다. 농업 생산과 인구가 증가하고, 거래는 드물게나마 존재하던 시장과 가게에서 재개되었다. 그 결과 다수의 영국 내의 논문은 1760년 이전 수

백 년 동안 일상의 노동자들 중에서 가장 가난했던 가정들도 당시의 북미의 수렵 부족과 그들의 가장 강력했던 '왕자들'보다 상대적으로 더 부유했었다는 점(대부분 제2차 산업에 의해 비롯됨)을 보여 주고 있다. 스미스는 여행자들의 보고서와 자신이 직접 커콜디(Kirkcaldy) 인근의 나사와 핀을 제조하는 공장 및 철공소를 관찰한 자료를 토대로 하여, 금괴나 은괴의 형태가 아닌 비록 조잡하지만 사회 내의 토지와 노동에 의한 산출물의 생산과 분배의 형태로 실질적인 부가 창출되는 것을 발견했다. 이러한 현상은 노동자 계층의 가정뿐만 아니라 한 국가가 상대적으로 부유해졌다는 점을 나타내는 실질적인 바로미터였다.

p. 19 스미스의 분업에 대한 초기 관심은 작업의 효율성보다는 분배의 수단으로서 그 '중요성'을 인식하는 것이었다. 실제로 분업의 효율성에 대한 최초의 주장은 플라톤(Platon)에게서 비롯되었고 '근대'에는 윌리엄 페티(Sir William Petty, 1690)가 언급한 바 있다. 스미스는 분업에 의해 실질적인 부가 부자뿐만 아니라 대다수의 구성원에게 분배되고 몇 세대 이내에 그들 모두가 점진적으로 더욱 부유해진다는 점을 주장했다.

그는 이러한 사실을 바탕으로 하여 다음과 같은 몇 가지 사항에 관심을 갖게 되었다. 일단 분업을 중요한 생산 요소라고 가정한 후에, 어떤 조건 하에서 산출이 증대되는가? 각자의 몫은 어떻게 결정되는가? 분업을 통한 분배의 과정에서 발생하는 장애 요인은 무엇인가? 그는 이러한 질문을 제기함으로써 기존의 설명(description) 위주에서 분석(analysis) 차원으로 진전됨에 따라 경제학이라는 새로운 학문의 기초를 수립하기 위한 첫걸음을 내딛었다.

본인은 완전한 자율 하에서 작용하는 상업 경제(commercial economy)에 대한 스미스의 모델을 다음과 같이 간단히 설명하고자 한다. 이는 이먼 버틀러 박사가 제시하는 훌륭한 설명에 대한 보완적인 성격을 띠게 될 것이다.

상업 경제는 분업에 의해 생산된 판매 가능한 산출물의 교환을 가능하게 한다. 상품의 직접적이지만 비효율적인 교환인 물물 교환(barter)은 화폐를 이용한 좀 더 효율적인 간접적인 교환(exchange)이 나타나기 오래전에 존재했다. 수천 년 전 고대 문명에 화폐 제도가 존재했다는 것은 분업에 의한 상업의 초기 형태를 나타내는 것이다(그렇지 않으면 왜 화폐 제도가 필요했겠는가?).

최초의 교환은 시골 지방(식량과 원료)과 소도시(원시적인 생산 도구와 사소한 장신구) 간에 이루어졌다. 교환에서 상품의 시장 가격(market price)은 공급과 실수요에 의해 결정되었다. 이는 스미스가 말한 '자연 가격(natural price)'과 다를 수 있다. 자연 가격은 토지·노동·자본이라는 생산 과정에서 필요한 요소의 소유자에 대한 보상 및 지역의 자연 이윤율(local natural rate of profit)을 포함한 생산 비용과 정확하게 일치한다. 반면에 시장 가격은 완벽한 균형에 정착하지는 못하지만 지속적으로 균형의 주위에서 움직이기 때문에 생산 비
p. 20 용과 일치하지 않을 수도 있다. 그러나 변화하는 시장 가격은 일정한 시간을 두고 특정 시장 가격에 맞추어진 실공급 하에서, 시장 참여자들에게 거래 가능한 생산물의 공급량의 조절과 이를 구매하기 위한 지불액의 조정을 위한 신호를 보낸다. 이러한 요인들이 경쟁적인 시장 경제의 역동성을 만들어 낸다.

노동은 생산적이거나 비생산적일 수 있다. 이러한 차이는

노동이 고정된 자본과 결합해 시장에서 판매되어 비용과 기업의 이윤을 충당할 수 있는 제품을 생산할 수 있느냐의 여부에 의해 평가된다. 예를 들어 부자의 식사를 서빙하는 하인과 같은 비생산적인 노동자의 생산물은 비용 충당을 위한 시장 판매가 불가능하기 때문에 수입이 없는 소비에 불과하다. 반면에 생산적인 노동자의 제품은 비용을 충당할 수 있고 이윤을 재창출한다. 이는 다시 소비에 의해 낭비되거나 절약에 의해 재투자될 수도 있다. 국가는 일정 기간 동안 낭비적인 소비자에 비해 검약하는 생산자의 비율이 높을 때 부유해진다. 국가 경제는 재투자에 의해 고용을 증대시킴으로써 노동자의 임금을 인상시키고 다수 빈곤층에게 부를 이전시킨다. 이는 다시 생필품과 함께 생활의 편리함과 안락을 위한 제품의 생산을 확대시킨다.

불행하게도 로마의 몰락으로 이러한 자연적인 과정이 침해받았다. 그러나 천 년 후 경제가 회복되어 농업 기술과 과학의 부흥으로 발생한 새로운 기술력을 이용하게 되었다. 반면에 사회는 종교적 교조주의를 포함해 경제의 자연적인 진화를 억제하는 잘못된 중상주의 사고를 입법화하는 정치 제도를 이미 만들어 냈었다.

완전한 자유는 자유 무역과 경쟁적인 시장을 억제하는 각종 법령에 의해 유보되었다. 실제로 무역에 관세와 세금이 도입되고, 당시 시장의 자율적인 진입과 탈퇴의 이점을 제약하는 도시 중소상공인 조합(town guild)과 독점적인 동업조합(craft
p. 21 monopolies)에 의한 규제가 제정되었다. 이 밖에도 다양한 규제가 나타났다. 장기간 도제 신분(apprenticeship)으로 봉사하지 않은 분야에서 일할 수 있는 노동의 자연권이 박탈되고, 특

정 지역에서 생산되지 않은 생산물은 판매와 구매가 금지되었다. 또한 무역 균형을 위한 중상주의 망상을 추구하는 과정에서는 수출입품에 대한 관세를 부과하고 보조금과 장려금을 지급함으로써 궁극적으로 소비자에게 피해를 입혔다.

당시 스미스가 관심을 가졌던 양(+)의 재투자율을 유지하는데 걸림돌로 작용하는 많은 규제가 21세기에도 남아 있다는 것은 유감스러운 일이다. 이러한 경향이 중상주의적 성향의 입법과 인기 영합적인 오류에 의해 촉진된다는 점에서 고금을 막론하고 동일하다. 오늘날의 세계 경제 체제 하에서 선진국의 절대 빈곤은 스미스 당시와 달리 이제는 더 이상 문제가 되지 않는다. 다만 개발도상 국가와 저개발 국가에서는 최초의 경제학자였던 스미스가 그 당시의 빈곤 문제에 대해 관심을 가졌던 것처럼 현재의 절대 빈곤과 상대 빈곤이 경제학자들의 주요 관심사가 되어야 한다.

주제가 지나치게 광범위하거나 혹은 협소해 『국부론』이 난해하다거나 부적절하다는 평가는 대부분 스미스의 견해에 대한 오해에서 비롯된다. 스미스는 분명히 경제학의 원칙에 대한 현대 스타일의 저자는 아니다. 그 당시에는 경제학의 주제도 존재하지 않았다. 그는 국부의 진정한 의미에 관한 연구 보고서를 작성했을 뿐이다. 부의 증가와 풍요를 향한 사회의 진보를 가능하는 요인과 함께 반대로 저해하는 요인을 다루었다. 그의 연구는 시대의 요구에 부합되는 적절한 저서로서 그 천재성을 보여 줌과 동시에 그의 유산으로 남았다. 여러분은 이먼 버틀러의 이 책을 통해 이에 대한 최선의 해답을 얻을 수 있을 것이다.

애덤 스미스의 이해

1. 애덤 스미스가 중요한 이유

p. 25 애덤 스미스(Adam Smith, 1723-90)는 지금까지 저술된 책들 중에서 가장 영향력 있는 저서에 속하는 『국부론(*An Inquiry into the Nature and Cause of the Wealth of Nations*)』(1776)의 저자로 잘 알려진 스코틀랜드의 철학자이면서 경제학자였다. 스미스는 인간 사회의 운행에 대한 완전히 새로운 이해를 바탕으로 경제 생활의 원칙에 대한 우리의 사고를 고전적 형태와 분명히 다른 현대적 형태로 바꾸어 놓았다.

경제학에 대한 기존 견해

스미스는 그 당시 지배적이던 경제 체제를 설명하는 것조차도 어렵다는 우리의 견해를 완전히 바꾸었다. *중상주의*(mercantilism)는 한 국가의 부를 금과 은의 축적량으로 평가했다. 그리고 외국으로부터 수입은 대금 지불을 위한 부의 유출을 초래하기 때문에 해로운 것으로 평가되었다. 반면에 수출은 귀금속이 들어오기 때문에 좋은 것으로 간주되었다. 무역은 수출국에게만 이롭고, 특정한 국가는 다른 국가를 가난하게 하는 경우에만 부유해진다고 믿었다.

그 당시에는 이러한 견해에 기초하여, 수입품에 대한 조세
부과, 수출업자에 대한 보조금 지급, 국내 산업의 보호 등과
같은 국부 유출을 막기 위한 거대한 통제 체제가 구축되었다.
영국의 식민지인 미국조차도 이러한 통제를 받았고 결국은 바
p. 26 람직하지 못한 결과를 초래했다. 실제로 모든 상업은 의심의
눈초리로 감시를 받았고 보호주의의 경향은 국내 산업 전반에
퍼져 있었다. 도시의 생산자들은 다른 지역의 기능공들이 자
신의 기술을 활용하기 위해 전입해 오는 것을 막고, 생산자와
상인은 독점적 보호를 위해 왕에게 청원을 하고, 새로운 양말
편직 기계와 같이 노동을 절약하는 도구는 기존 생산자에게
위협이 된다는 점에서 사용이 금지되었다.

자유로운 교환의 생산성

스미스는 이와같이 거대한 중상주의 경제 체제가 오류에 기초하고 있으며 비생산적이라는 점을 보여 주었다. 그는 자유로운 교환을 통해 양 당사자 모두가 이득을 본다고 주장했다. 그 이유는 간단하다. 왜냐하면 그들 중에서 누가 손해 볼 것으로 예상한다면 아무도 교환에 참여하지 않을 것이기 때문이다. 판매자는 이익을 본다. 구매자도 마찬가지이다. 똑같은 원리로 우리나라의 수출이 다른 나라에 이득이 되는 것처럼 수입도 우리에게 가치가 있다. 우리 자신을 부유하게 하기 위해 다른 사람들을 가난하게 할 필요가 없다. 실제로 만약 고객이 부유해지면 우리는 더 많은 것을 얻게 된다.[1]

---

1) *The Wealth of Nations*, Book IV, ch. III, part II, p. 493, para. c9(각주에서 나타내는 페이지 수는 *The Glasgow Edition of the Works and Correspondence of Adam Smith*를 참고한 것이다: 참고 문헌 참조).

자유로운 교환이 거래 당사자 모두를 이롭게 한다는 기본적인 진리에 기초해 스미스는 거래와 교환은 농업이나 제조업과 마찬가지로 우리의 번영을 촉진한다고 주장했다. 국가의 부는 금고 속의 금과 은의 양이 아니라 오늘날 국내총생산이라고 불리는 생산과 소비의 총액으로 이루어진다.

그 당시 이러한 주장은 생소했지만 영향력이 컸고, 16세기
p. 27 이래로 유럽 국가들 간에 구축된 기존의 무역장벽에 거대한 지적 돌파구를 마련했다. 그리고 실질적인 결실을 보았다. 『국부론』은 직접적이고 강력하고 도전적인 스타일과 비판적인 재치와 다양한 사례를 이용해 정책 담당자들의 마음을 사로잡아 그들의 행동을 변화시켰다.

그러나 『국부론』은 식민지 미국과의 전쟁을 방지하기에는 너무 늦게 출간되었다. 그럼에도 불구하고 윌리엄 피트(William Pitt) 수상의 자유무역과 조세의 간소화에 대한 지지와 로버트 필 경(Sir Robert Peel)의 농업 시장의 자유화 조치를 이끌어 냈다. 분명히 『국부론』은 자유무역과 경제 팽창으로 표현되는 위대한 19세기의 기초를 형성했다. 자유무역의 논리가 전 세계적으로 통용되는 오늘날조차도 이러한 성과를 달성하는 데에는 현실적인 어려움이 있었을 것이다.

자유에 기초한 사회 질서

스미스는 그러한 영향력을 기대할 수 없었다. 그러나 개인의 자유와 거래의 자유에 대한 강한 확신은 실제 인간 사회의 운행 방법에 대한 자신의 급진적이고 참신한 통찰에서 비롯되었다. 그는 사회의 조화는 구성원들이 다른 사람들과 더불어 삶을 영위하고 일하는 방법을 찾고자 노력할 때 자연적으로

나타난다는 것을 깨달았다. 자유(freedom)와 자기이익(self-interest)은 혼란(chaos)을 초래하지 않고 오히려 '보이지 않는 손(invisible hand)'에 의해 조정되는 것처럼 질서와 화합을 이룬다.

또한 자유와 자기이익은 자원의 가장 효율적인 활용을 보장한다. 자율적인 구성원들이 오직 자신의 상황을 개선하기 위해 다른 사람과 거래를 성사시킬 때, 국가의 토지·자본·기술·지식·시간·기업·창의성은 자동적으로 그리고 필연적으로 구성원들이 가장 중요시하는 결과와 목표에 기여하게 된다.

그 결과 번창하는 사회 질서의 유지를 위한 왕과 각료들의
p. 28 지속적인 감시는 더 이상 필요 없게 되었다. 사회 질서는 인간 본성의 결과로서 유기적으로 증대된다. 최선의 사회 발전과 가장 효율적인 근로 환경을 조성하기 위해서는 강제가 없고 자율적인 교환이 보장되는 개방적이고 경쟁하는 시장이 요구된다. 화로(fire-basket)가 불을 필요로 하듯이 개방성을 유지하기 위해서는 규칙(rule)이 요구된다. 그러나 이러한 규칙들은 중상주의 정부기관의 특수하고 개별적인 간섭과 달리 법적이든 도덕이든지 간에 보편적이고 공평해야 한다.

그러므로 『국부론』은 오늘날 우리가 이해하고 있는 경제학뿐만 아니라 일상생활, 사회복지, 정치 제도, 법과 도덕 등 인간 사회심리학에 대한 혁신적인 연구였다.

윤리의 심리학

스미스는 교육을 받은 지식인들이라면 누구나 과학·예술·문학·철학·고전·윤리 등 사회 전반에 관한 지식을 함양하고 있을 때의 인물이다. 스미스 역시 그랬으며 거대한 자

료를 수집했고, 법과 정부에 관한 저술뿐만 아니라 진보적인 예술의 역사를 기획했다. 맨 먼저 그의 명성을 높인 것은 『국부론』이 아니라 윤리에 관한 저서인 『도덕적 감정론(*The Theory of Moral Sentiments*)』이었다. 오늘날 이 저서는 덜 알려져 있으나 당시에는 『국부론』만큼 영향력이 있었고 스미스 자신에게도 동일하게 중요했다.

『도덕적 감정론』은 인간의 도덕적 판단의 기초를 규명하고자 했다. 이러한 도덕적 판단의 기초를 심오한 인간 심리학의 문제로 인식했다. 인간은 다른 사람들을 위한 자연적인 '공감(natural sympathy)' (오늘날에는 '감정이입[empathy]'이라고 함)을 가지고 있고, 이를 통해 자신의 행태를 조절해 전체의 조화를 지향하는 방법에 대해 알게 된다. 이것이 인간 행태에 대한 도덕적 판단의 기초이면서 인간 미덕의 원천이 된다는 것이다.

자기이익과 미덕

오늘날 많은 사람은 스미스의 경제 체제를 주도하는 자기이
p. 29 익이 윤리를 주도하는 '공감(sympathy)'과 어떻게 조화를 달성하는지를 궁금하게 생각한다. 여기에 그 해답이 있다. "사람들이 아무리 이기적일지라도 그의 본성에는 단지 보는 즐거움을 제외하고는 아무것도 얻을 것은 없음에도 불구하고 다른 사람들의 행복에 관심을 갖게 하고 다른 사람의 행복이 자신에게도 도움이 된다고 생각하게 하는 몇 가지 원칙이 분명히 존재한다"는 것이다.[2]

---

2) *The Theory of Moral Sentiments*, part I, ch. I, p. 9, para. 1.

다른 말로 표현하면 인간의 본성은 복잡하다. 빵 판매인은 자비심에 입각해 우리에게 빵을 주지 않는다. 그러나 물에 빠진 낯선 사람을 구하기 위해 강에 뛰어들게 하는 것은 자기이익이 아니다. 스미스의 저서들은 자기이익 추구적인 개인의 다른 사람들과의 관계에서 도덕의 영역에서는 평화스럽게, 경제 영역에서는 생산적으로 생활해 가는 방법을 규명하는 보완적인 시도들로 이루어져 있다.

그러나 『국부론』은 가끔 풍자되는 것처럼 먹고 먹히는(dog-eat-dog) 자본주의를 용인하지는 않는다. 자기이익은 경제를 주도하는 요인으로서 진정한 공개 경쟁이 존재하고 강요가 없다면 사회 발전에 선의의 원동력으로 작용한다는 것이다. 그리고 모든 경우에 스미스 자신의 인간성과 자비심이 저서의 전편을 관통하고 있다. 그는 상인과 권력자들의 특수한 이해관계를 초월해 국민 전체, 특히 빈자들의 복지를 증진시키고, 자유 경쟁을 방해하는 제조업자를 꾸짖고 그들을 지원하는 정부를 책망한다.

인간 본성과 인간 사회

18세기 사상가들은 성직자들로부터 전수된 교리나 정치적
p. 30 권위에 의해 제기되는 명령보다 더 건전한 사회적 기초가 존재해야 한다고 믿게 되었다. 어떤 사상가들은 법과 윤리의 합리적인 체계를 찾고자 노력했다. 그러나 스미스는 과학·언어·예술·상업을 포함한 인간 사회는 인간 본성에 깊이 뿌리박고 있다고 주장한다. 그는 우리의 자연적인 본능이 다른 어떤 그럴듯한 명분보다 더 훌륭한 행동지침이 된다는 것을 보여 준다. 만약 '모든 체제에서 편애와 속박을 제거'하고[3] '원초

적인 자유(natural liberty)'에 기초한다면 우리가 의도하지 않은 상태에서 확실하게 조화롭고, 평화롭고, 효율적인 사회 질서에 안착하게 된다는 것이다.

일단 이러한 자유로운 사회 질서가 확립되면 이를 유지하기 위한 국왕과 각료들의 지속적인 주의가 필요 없게 된다. 그러나 이는 정의와 타인의 생명과 재산에 대한 존중과 같은 개인 간의 행동에 관한 규칙을 준수하는 인간들에게 달려 있다. 이러한 조건이 충족된다면 바람직한 전체 사회 질서가 매우 자연스럽게 나타난다. 스미스의 연구는 이와같이 바람직한 결과를 실제로 창출하는 인간 행태에 관한 자연적인 원칙을 밝혀내고자 한다.

---

3) *The Wealth of Nations*, Book IV, ch. IX, part II, p. 687, para.51.

2. 스미스의 생애와 경력

p. 31 마거릿 더글러스(Margaret Douglas)는 명문가 출신의 변호사이면서 전직 세관 공무원이었던 남편이 1723년 사망할 당시 이미 임신해 있었다. 그녀는 동년 6월 5일에 아이의 출생 신고를 하고 그에게 애덤 스미스라는 작고한 남편의 이름을 물려주었다. 그 아이는 성장해 그 당시의 위대한 사상가의 반열에 올랐고 그때까지 쓰여진 책들 중에 가장 영향력 있는 한 책의 저자가 되었다.

커콜디와 글라스고

그가 세 살 때 집시들에게 잠깐 납치되었다가 삼촌에 의해 구출되었다는 사실을 제외하고는 그에 대해 알려진 것이 거의 없다. 그러나 그의 출생지에서 하루하루의 생활은 향후 그의 생애에 대한 많은 자료를 제공했다. 스코틀랜드의 항구 도시인 커콜디(Kirkcaldy)는 에든버러 앞쪽의 만을 가로질러 형성된 무역 중심지로서 생선의 하역이나 그 지역 광산에서 생산된 석탄을 수출하고, 그 지역 철제품 산업에 필요한 철 조각을 반입하는 배들로 분주했다.[1] 스미스는 『국부론』에서 각자

1) E. G. West, *Adam Smith: The Man and His Works*, Liberty Fund,

의 일거리를 소개했던 선원, 생선 장수, 못 생산자, 세관원, 밀수꾼들과 함께 어린 시절을 보냈다.

그러나 상황은 변해 갔다. 미국과의 담배와 면직물과 같은
p. 32 일상용품의 무역이 증가함에 따라 커콜디와 같이 시대에 뒤떨어진 동부의 항구보다는 글라스고(Glasgow)와 같은 서부의 항구가 각광을 받게 되었다.[2] 『국부론』은 이러한 무역 형태와 지역사회의 생활 양상의 변화를 기록하고 있다.

그는 학교에서 책에 대한 열정과 비범한 기억력으로 특출났다. 그는 14세에 글라스고대학교에 입학해(당시에는 정상적인 나이였음) 그곳에서 저명한 도덕철학자 프란시스 허치슨(Francis Hutcheson)의 지도를 받았다. 허치슨은 자유론자 · 합리주의자 · 평등주의자 · 직설론자로서 정부 당국에는 가시 같은 존재였으며, 이러한 성격은 스미스에게도 많은 영향을 미쳤다.

옥스퍼드와 동기부여

스미스는 우수한 학생이었으며 옥스퍼드에 있는 밸리올대학(Balliol College)에 장학생으로 입학했다. 그가 1740년 17세가 되었을 때 긴 여행을 위한 짐을 꾸렸다. 상업적으로 번창해 가던 글라스고가 침체의 길을 걷던 커콜디 출신의 한 소년의 눈을 뜨게 한 곳이었던 것과 마찬가지로 영국 또한 다른 세상으로 보였다. 그는 영국의 거대한 건축물들과 함께 자신의 고향 스코틀랜드의 바짝 마른 소들과 달리 살찐 영국의 소들에

Indianapolis, IN, 1976, p. 31.

2) R. H. Campbell and A. S. Skinner, *Adam Smith*, Croome Helm, London, 1982, pp. 9-10.

대해 기록했다.

그러나 영국의 교육 제도는 그에게 깊은 인상을 주지 못했다. 그가 『국부론』에서 신랄하게 비판하고 있듯이 영국 교육 제도의 사례를 통해 그릇된 동기부여는 나쁜 영향을 미치게 된다는 교훈을 얻게 되었다. 옥스퍼드 교수들은 학생들의 등록금이 아닌 더 큰 대학의 지원금으로 보수를 받았다. 그 결과 옥스퍼드의 대부분의 교수는 수년 동안 가르치는 시늉조차도 하
p. 33 지 않았고,[3] 대학 생활은 흥미를 위해 적당히 대화하고 쉽게 학위를 취득하는 곳으로 전락했다.[4] 그런 가운데에서도 스미스의 경제학에 대한 학습은 속도를 더해 갔다.

스미스는 세계 최고의 밸리올 도서관을 이용해 고전과 문학을 비롯해 다양한 주제들에 대해 독학(獨學)했다. 그는 장학금 수혜 기간이 만료되기 전인 1746년에 옥스퍼드를 떠나 커콜디로 돌아와 그곳에서 문학·물리학·논리학 그리고 과학적 방법론을 집필하는 데 2년이라는 세월을 보냈다.

초기 강의 경력

그 당시 저명한 변호사이면서 사상가였던 케임스 경(Lord Kames)은 스미스로 하여금 영국 문학과 법철학에 대해 주제별로 에든버러에서 공개 강의를 해줄 것을 그 가족을 통해 요청했다. 스미스는 이 강의에서부터 20대에 한참 후에 쓰게 될 『국부론』의 기본적인 내용에 해당되는 다양한 기초 아이디어들(분업)을 창안했다.

---

3) *The Wealth of Nations*, Book V, ch. I, part III, article II, p. 761, para. f8.

4) Ibid., Book V, ch. I, part III, article II, p. 764, para. f15.

강의는 대단히 성공적이었고 발전된 또 다른 경력을 위한 디딤돌이 되었다. 그는 27세이던 1751년 글라스고대학교로 돌
아와 이번에는 논리학·도덕철학·문학·수사학을 가르쳤다
p. 34 (그 당시의 '수사학'은 오늘날의 의미와 다른 문체와 의사 전
달에 관한 연구를 뜻했다).

철학 강의는 신학·윤리학·법학·공공정책을 다루었다. 그리고 법학과 공공 정책에 대한 강의(단지 학생의 강의 노트로만 전해짐)는 그 후 수년 후에 발간된 『국부론』에 축약된 형태로 수록될 많은 내용(가격 체제의 작동, 보호주의의 폐해, 정부 및 경제 제도의 발전 등)을 포함하고 있다.

그러나 스미스가 대박을 터뜨린 것은 윤리에 관한 그의 탁견(reflection)이었고, 이는 1759년에 『도덕적 감정론』으로 출간했다. 독특하면서 세련된 필체로 도덕적 판단을 인간의 사회심리학적 관점에서 설명했다. 스미스의 친구이자 철학자이면서 역사학자였던 데이비드 흄(David Hume)은 자신의 많은 친구에게 스미스의 저서를 보냈다. 그 중 정치가였던 찰스 타운젠드(Charles Townshend)는 감명을 받고 곧바로 스미스를 평생 300파운드(￡)라는 관대한 보수로 자신의 의붓 아들인 어린 듀크(Duke of Buccleuch)의 개인 교수로 채용했다.

여행

그는 지적으로 뛰어났음에도 불구하고 임시적인 일자리로 개인 교수 자리를 선택했다. 작가 제임스 보스웰(James Doswell)은 스미스가 "연구 주제에 지독하게 몰두한 나머지 정신이 팔리는 것으로 유명했다"고 말한 바 있다. 한 번은 정신이 팔려 차 대신에 빵과 버터를 만들었고, 또 한 번은 어떤

문제에 생각하다가 던펌린(Dunfermline)까지 8마일을 걸어갔고, 그리고 앞에 있는 도랑을 신경 쓰지 않아 그곳에 빠진 적도 있었다는 것이다.

그리고 곧 스미스는 그가 지도하던 제자와 프랑스로 여행을 떠나게 되었다. 여행은 그 당시 어린 귀족의 자제들을 위한 교육의 중요한 부분을 차지했었다. 스미스는 파리에서 당시 그곳 대사의 개인 비서였던 데이비드 흄(David Hume)과 매우 뜻깊은 교류를 가졌다. 그러나 스미스는 자신이 불어 회화에 미숙했기 때문에 또 다른 교제를 시도한다는 것이 어렵다는 것을 알았다. 스미스는 지루함을 달래기 위해 책을 저술하기
p. 35 시작했다고 흄에게 말했으며,[5] 그 책이 바로 『국부론』이었다.

스미스는 프랑스 남부를 거쳐 제네바까지 갔다가 파리로 돌아오는 여정을 통해 유럽 대륙의 문화·정부·상업·규제와 경제 생활 등에 관한 자료를 수집해 그것들을 자기 나라의 것들과 비교하는 데 몰두했다. 이에 대해 유럽 대륙의 주도적인 선각자들과의 토론을 통해 『국부론』의 사고를 좀 더 세련되게 다듬어 나갔다.

『국부론』

스미스는 제자와 함께 1766년에 런던으로 돌아왔다. 그 후 커콜디로 귀향해 그곳에서 고급 주택을 구입해 자신의 모친과 사촌 재닛(Janet)과 함께 생활했다. 스미스는 1784년 그 모친이 사망할 때까지 그녀를 모셨다. (그는 비록 "미모와 재력을 갖춘 젊은 여자와 사랑에 빠진 적"은 있었으나 결코 결혼하지

5) Letter to David Hume dated 5 July 1764.

는 않았다.)[6]

그는 커콜디에서 자신의 건강을 해쳐 가며 원고를 작성하고, 교정하고, 다듬는 데 여러 해를 보냈다. 그러나 1773~1776년 오랜 기간 동안 런던에서 생활하면서 건강을 회복했다. 그 기간 동안 그는 화가 조슈아 레널즈(Joshua Reynolds), 고대 역사가 에드워드 기번(Edward Gibbon), 급진 정치가인 에드먼드 버크(Edmund Burke), 그리고 (비록 견해 차이가 있었지만) 사서학자(辭書學者) 새뮤얼 존슨(Samuel Johnson) 박사 등 위대한 인물과 교제를 가졌다.

마침내 1776년 3월에 『국부론』이 출간되었다. 사업적으로 큰 성공을 이루었고, 몇 년 안 되어 여러 판으로 그리고 여러
p. 36 나라 언어로 재출간되었다. 그리고 실천적인 측면에서도 대단한 성공을 이루었다. 실제로 무역의 자유화와 같은 처방이 정책을 통해 구현되기 시작했다.

관세청장

스미스는 에든버러에서 600파운드라는 고액의 봉급을 받고 관세청장에 취임했다. 영국의 자의적이고 비효율적인 관세 제도에 대한 대표적인 비판가였던 사람이 무엇인가를 해야 하는 자리에 앉게 되었고 그 일에 충실했다.[7] 그는 아일랜드에 대한 무역 규제 폐지와 미국 식민지의 혼란에 대한 자문과 같은 다른 일에도 종사했다. 그 후 윌리엄 피트(William Pitt) 수상은 프랑스와의 무역 협약을 체결하고 전반적인 국세 체제의

6) D. Stewart, "Account of the life and writings of Adam Smith LID", 1794, in *The Glasgow Edition*, vol. III, note K, pp. 349-50.
7) Campbell and Skinner, *Adam Smith*, pp. 200-203.

개혁을 실행하는 데 스미스의 견해를 채택했다.

스미스는 친구들과의 토론과 논쟁을 즐겼다. 1790년 7월 에든버러에서 저녁 시간에 피곤함을 느껴 침실로 들어가 다른 세상에서도 토론이 지속될 필요가 있다고 말했다. 그는 며칠 후에 세상을 떠나 그의 캐넌게이트(Canongate) 집 근처에 있는 교회 마당에 거대하지만 소박한 묘비 아래 묻혔다.

3. 『국부론』

광범위한 주제

p. 37 애덤 스미스는 한편으로는 정치가들로 하여금 상업을 장려하기보다는 제약하고 왜곡하는 정책에서 벗어나도록 하기 위해 『국부론』을 저술했다. 그래서 평이한 용어를 사용했고, 이것이 현재에도 읽히고 있는 이유이다.

또 다른 한편에서는 경제학에 대한 새로운 학문을 정립하려 했다. 이는 선구적인 작업으로서 당시 그가 사용했던 용어와 개념은 현재 것들과 합치시키는 데는 어려움이 있다. 『국부론』은 다방면에 걸쳐 다양한 주제를 다루고 있으며, 중국의 은의 가격에서 런던의 아일랜드 출신의 매춘부에 이르기까지 여러 사례를 들고 있다. 이러한 요소들로 말미암아 그 주제를 찾는 데 어려움이 있다. 따라서 먼저 주요한 몇 가지 주제에 집중할 필요가 있다.

가장 분명한 주제는 *상업에 대한 규제는 잘못 설정되고 비생산적*이라는 점이다. 그 당시의 지배적이던 견해는 국가의 부는 보유하고 있는 돈의 양에 의해 결정된다는 '중상주의자적(mercantilist)'인 사고였다. 국가가 더 부유해지기 위해서는 많은 돈을 벌기 위해 다른 나라에 가능한 한 더 많이 수출을 해야 하고, 외국으로 돈이 빠져 나가는 것을 막기 위해 가능한 한 더 적게 수입해야 한다는 것이었다. 무역에 대한 이러한 견해로 말미암아 수입 관세, 수출 보조금, 국내 산업에 대한 세제 및 정책 지원 등 수입을 제한하고 수출을 장려하기 위한 광범위한 조치들을 강구하게 되었다.

p. 38 첫 번째 스미스의 혁명적인 견해에 의하면 국부는 국가의 금고 속에 쌓여 있는 금과 은의 양에 의해 결정되는 것이 아니라 *국가가 창출하는 재화와 서비스의 흐름에 의해 측정되어야 한다*는 것이다.[1] 그는 오늘날 경제학에서 매우 일상적이고 기본적인 국내총생산(gross domestic product: GDP)이라는 개념을 개발했다. 국내총생산을 극대화하기 위해서는 국가의 생산 능력(productive capacity)을 제약하기보다는 자율화할 필요가 있다고 주장했다.

두 번째 중심적인 주제는 생산 능력은 이를 뒷받침하는 *분업과 자본의 축적에* 달려 있다. 생산 활동은 소규모로 분할되어 각각의 전문가에 의해 수행될 때 효율성의 극대화를 달성할 수 있다는 것이다. 이러한 과정을 통해 생산자들은 다른 사람들과 교환하거나 더 새롭고 효율적인 노동 절약적 기계를 구입할 수 있는 잉여를 확보할 수 있게 된다.

세 번째 주제는 국가의 *장래 소득은 자본의 축적*에 달려 있는 것이다. 양호한 생산 과정에 더 많은 투자가 이루어질수록 장래에 더 많은 부가 창출된다. 그러나 만약 국민들로 하여금 안심하고 투자하도록 하려면 자신의 자본이 도둑질로부터 안

---

1) A point made neatly by P. J. O'Rourke, *On The Wealth of Nations*, Atlantic Monthly Press, New York, 2006, pp. 7-8.

전할 것이라는 확신을 갖도록 해야 한다. 번창하는 국가는 자본을 증가시키고 이를 잘 관리하고 보호하는 나라이다.

네 번째 주제는 *일련의 경제 시스템은 자율적*이라는 것이다. 소비자들은 희소한 재화에 대해 더 많은 비용을 지불할 준비가 되어 있고, 생산자는 이러한 재화의 공급을 통해 더 많은 이윤을 확보할 수 있어 공급을 늘리기 위한 투자를 확대한다. 반대로 과잉 공급이 발생하면 가격과 이윤이 낮아져 생산자들은 그들의 자본과 기업을 다른 분야로 전환하게 된다. 그 결과 산업은 중앙정부의 지시 없이도 국가의 가장 중요한 요구에 집중하게 된다.

그러나 *자율적인 경제 시스템은 자유로운 거래와 경쟁이 존*
p. 39 *재할 때만이 작동하게 된다.* 만약 정부가 특정 생산자들에게 보조금을 지급하고 독점을 인정하고 관세장벽으로 보호한다면 그들은 더 높은 가격을 책정하게 된다. 이로 인해 가난한 사람들이 가장 큰 피해를 보고 더 높은 생필품 가격을 부담하게 된다.

다섯 번째 주제는 *경제가 발전함에 따라 다른 정부 제도가 나타난다*는 것이다. 원시 수렵 및 채집 시대의 사람들은 귀중한 재산을 갖지 못했다. 그러나 농사를 짓기 시작하면서 토지·농작물·가축 등이 중요한 재산이 되었고, 이를 보호하기 위한 정부와 사법 제도가 발달했다.

상업 시대에 들어서는 자본이 축적됨에 따라 재산이 더 중요해졌다. 그러나 이 시대에는 시장을 자신들에게 유리하게 왜곡해 이득을 얻고 정치 과정을 이용하기 위해 조합을 운영했던 상인들이 많아진다. *기본적으로 경쟁과 자유로운 교환은 생산자들이 정부 당국으로부터 이끌어낼 수 있는 독점, 세제 지*

원, 통제와 특혜 등으로 말미암아 위협에 직면할 가능성이 있다.

이러한 이유 때문에 스미스는 *정부는 제한적*이어야 한다고 믿는다. 정부는 국방, 질서 유지, 기간 산업, 교육과 같은 기본적인 기능만 수행해야 한다. 정부는 시장을 왜곡시키는 방향으로 작용해서는 안 되고 반드시 시장이 개방과 자율을 유지할 수 있도록 해야 한다.

생산과 교환

『국부론』의 다섯 권의 책 중에서 제 I 권은 생산과 교환의 메커니즘과 이것들이 국민 소득에 기여하는 것을 설명하고 있다.

전문화의 이점

p. 40 스미스는 핀 공장의 사례를 들어 노동의 전문화인 *분업*(division of labour)이 산출을 급격하게 증대시킨다는 점을 보여 준다. 핀 제조는 단순한 생산 공정으로 보이지만 실제로는 매우 복잡하다. 철사를 늘리고, 곧게 하고, 자르고, 뾰족하게 해야 한다. 핀의 머리를 만들기 위해 윗부분을 평평하게 하여 다시 본체에 부착해야 한다. 이렇게 만들어진 핀들을 하얗게 표백해 종이 상자에 넣어야 한다. 전체적으로 18개의 공정이 존재한다.

그에 의하면 한 사람이 모든 공정을 담당한다면 하루에 20개도 만들 수가 없다(더 나아가 만약이 한 사람이 필요한 금속을 채광하고 제련까지 한다면 1년에 한 개조차 만들 수 없다). 그러나 작업이 다른 사람과 분업화되는 공장에서 각자는 한 개 또는 두 개의 공정만을 담당한다. 이들을 중심으로 10명 단위로 구성된 한 팀은 실제로 하루에 48,000개를 만들 수 있다. 이는 일인당 4,800개에 해당되고 한 개인에 의해 달성할 수 있는 산출량의 240배에 이른다.

이러한 전문화는 매우 효율적이어서 공장 내부뿐만 산업 간, 더 나아가 국가 간에도 발생한다. 농부들은 곡식을 경작하고 가축을 기르는 데 전문화한다. 그 결과 그들이 집안 살림에 필요한 물건들을 생산하기 위해 시간을 소비하는 것보다 토지를 경작하는 것이 더 생산적이다. 반면에 제조업자들은 가계의 생활 도구를 공급하는 대신에 자신들에 대한 식품의 공급은 농부들에게 일임한다. 마찬가지로 국가들도 자신들이 가장 효율적으로 생산할 수 있는 제품을 수출하는 대신에 다른 나라가 더 잘 만들 수 있는 제품을 수입함으로써 전문화를 추구한다.

스미스에 의하면 효율성의 증대는 단지 동일한 작업을 여러 번 반복할 때 얻는 기술에 의해서만 확보되는 것이 아니다. 전문화를 통해 다른 공정으로 이동하는 데 소요되는 시간을 절
p. 41 약할 수 있고, 훨씬 높은 생산성을 달성하기 위해 복잡하고 노동 절약적인 기계의 사용이 가능해진다. 결과적으로 "노동의 생산성 개선의 극대화, 기술과 숙련도의 고도화, 현장에 적용될 수 있는 판단력의 정확성 등이 분업화의 결실로 간주될 수 있다."[2]

분업은 가장 기초적인 일상 용품의 생산에서도 많은 사람의 협력을 필요로 한다.

> 예를 들어, 일상 노동자들이 입고 있는 모직 코트의 경우 비록 조잡하고 투박할지라도 수많은 노동자의 결합된 노동에 의해

---

2) *Wealth of Nations*, Book I, ch. I, p. 13, para.1.

> 생산된다. 목동에서부터 양모를 선별하는 사람, 빗질하는 사람, 보풀을 세우는 사람, 염색하는 사람, 얼레 빗질하는 사람, 실을 잣는 사람, 베를 짜는 사람, 베를 마무리하는 사람, 옷을 만드는 사람 등이 여러 사람과 함께 이러한 하찮은 일용품을 완성시키기 위해 각자의 기술을 결합시켜야 한다.[3]

더 나아가 양모의 운송에서는 선원에서부터 배와 돛을 만드는 사람, 양모를 자르기 위한 전단기는 광부와 철조립공을 필요로 한다. 이러한 사례는 끝이 없다. 그러나 이와 같은 수많은 고도의 전문가 간의 협력은 선진국에게는 거대한 부의 원천이 되고, 가장 가난한 계층에게도 보식 코트와 같은 제품을 이용할 수 기회를 제공한다. 스미스는 이를 "최하층 국민들에게까지 확대되는 보편적인 부(universal opulence)"라고 명명한다.[4]

교환을 통한 상호 이득

p. 42 스미스는 핵심적인 내용을 담고 있는 제Ⅱ장에서 *물질적인 교환*을 통해 효율적인 생산의 혜택이 공동체 전체에 분배되는 과정을 설명한다. 스미스는 특별한 정신적 혹은 육체적인 재능을 기준으로 하여 '원시 국가'에서 어떤 사람은 다른 사람보다 화살을 더 잘 만들 수 있는 반면에 다른 사람은 금속 세공을 더 잘할 수 있을 것이라고 구분해 생각한다. 이때 전문화를 통해 다른 사람보다 화살을 더 잘 만드는 화살 제조자는 더 많은 화살을 생산하고 금속 세공인은 칼날을 더 많이 만든다. 그 다음 서로 화살과 칼날을 교환함으로써 모두가 유용한 도구의 세트를 갖게 된다. 이와같이 상대방의 효율적이고 전문

3) Ibid., Book I, ch. I, p. 22, para. 11.
4) Ibid., Book I, ch. I, p. 22, para. 10.

화된 생산 활동을 통해 서로 이득을 얻게 된다.

스미스는 양자 모두가 이익을 본다는 점에서 다른 사람과 '매매 · 물물 교환 · 거래'를 성립시키고자 하는 성향은 인간 행태의 자연스럽고 보편적인 특징이라고 주장한다. 만약에 일방이 피해를 보게 될 것이라고 생각한다면 교환은 이루어지지 않는다. 이는 중요한 함의를 갖는다. 현대와 마찬가지로 스미스 당시에도 대부분의 재화의 교환은 다른 재화를 얻기 위한 물물 교환이 아니라 화폐를 확보하기 위해 이루어졌다. 이때 화폐가 부로 간주되었기 때문에 판매자만이 교환 과정에서 이득을 보는 것으로 여겼다. 그러나 스미스는 상호 이익을 본다는 점을 보여 준다. 교환을 통해 양 당사자는 자신들이 원하는 물건을 스스로 만들 때 소요될 비용보다 더 적은 노력으로 자신이 원하는 재화를 얻게 된다는 것이다. 그 결과 각자는 교환을 통해 더 부유해진다. 다른 말로 표현하면 부는 총액으로 고정되어 있는 것이 아니라 상호 교환을 통해 새로이 창출된다. 이는 그 당시 혁신적인 착안이었다.

그리고 더 나아가 비록 각자가 상대방의 후생을 고려하지 않고 순전히 자신의 이익의 관점에서 거래를 제안하거나 수용하는 경우에도 교환을 통해 양 당사자는 이익을 본다는 주장 또한 중요한 통찰이다. 교환이 다른 사람들로 하여금 우리가 원하는 것을 공유하도록 한다는 점에서 다행이다. 스미스의 이에 대한 설명은 유명하다.

p. 43 우리가 저녁밥을 먹을 수 있는 것은 정육점 주인, 양조장 주인, 빵집 주인의 호의에 의해서가 아니라 그들이 자신들의 이익을 고려함으로써 가능하다. 우리는 그들의 인간애(humanity)보다는 자신들에 대한 사랑을 고려해야 하고 우리 자신의 필요보다

는 그들의 이익에 대해 말해야 한다.[5]

스미스는 '자기사랑(self-love)' 혹은 '자기이익(self-interest)'이라는 용어를 통해 '탐욕(greed)'과 '이기심(selfness)'을 말하려 하지 않는다. 그가 제시하고자 하는 것은 18세기의 의미로서 다른 사람을 악화시킴으로써 자신의 이익을 추구하는 바람직하지 못한 성향을 나타내는 것이 아니라 우리 자신의 후생을 돌보고자 하는 적절한 관심을 나타낸다. 그가 『도덕적 감정론』에서 제시하는 '이해타산(prudence)'은 인간에게 매우 자연스럽고 중요하다.[6] 그는 이 책에서 (오늘날의 감정이입([empathy]을 뜻하는) 다른 사람을 위한 '공감(sympathy)'은 인간성(humanity)의 현저한 특징이고, (다른 사람에게 해를 끼치지 않는다는 의미의) 정의(justice)는 인간성의 기본적인 규칙 중의 하나라고 강조했다.

더 큰 시장과 더 큰 이득

교환을 통해 우리가 얻을 수 있는 이점은 전문화이고, 전문화를 통해 다른 사람과 교환할 수 있는 잉여를 증가시킨다. 스미스는 전문화의 정도는 교환의 가능성 정도, 즉 *시장*의 범위에 달려 있다고 말한다.[7] 예를 들어 큰 도시만이 짐꾼들에게 충분한 고객을 제공한다. 반면에 흩어져 있는 마을들에서는 전문적인 목수나 석공들이 유지될 수 없게 되어 이러한 모든 일을 주민 스스로 해야 한다.

p. 44 분명히 시장을 확대시키는 요소는 *화폐*이다.[8] 만약 배고픈

5) Ibid., Book I, ch. II, pp. 26-7, para. 12.
6) *The Theory of Moral Sentiments*, part VI, section I.
7) *The Wealth of Nations*, Book I, Ch. III.

양조업자가 갈증난 제빵업자를 항상 찾아야 한다면 생활은 피곤할 것이다. 이런 이유 때문에 우리는 화폐라는 중간 매체를 이용한다. 우리는 화폐를 확보하기 위해 잉여 생산물을 교환하고, 그리고 필요한 다른 제품을 확보하기 위해 화폐를 교환한다.

가치의 척도

그러나 실제로 화폐를 매개로 교환이 이루어지는가의 여부와 다양한 재화들 간의 교환이 이루어질 때 그 교환 비율을 결정하는 요소가 무엇인가에 대한 의문점이 남아 있다. 스미스에게 다이아몬드와 같이 쓸모없는 것이 교환에서 '높은 가치'를 부여받는 반면에 물과 같이 필수적인 것이 가치를 거의 인정받지 못한다는 사실은 수수께끼였다. 오늘날 이 수수께끼는 한계효용 이론(marginal utility theory)으로 풀 수 있을 것이다. 즉 다이아몬드는 매우 귀하기 때문에 추가적으로 하나를 더 얻는 것은 매우 큰 보상인데 반해 물은 매우 풍부하기 때문에 한 컵을 더 얻는 것은 거의 유용성이 없다. 더 나아가 교환 비율의 결정에 대해 수요 공급 분석을 시도할 수도 있을 것이다.

불행하게도 한계효용 이론은 그 당시에 아직 존재하지 않았고, 스미스는『국부론』출간 당시 수요 공급 분석을 완성하지 않았었다. 그래서 그는 특정 제품이 교환 시에 특별한 가치를 부여받는 요인을 규명하는 데 몰두했다.

원시 사회에서 제품의 가치는 생산에 투입된 노동을 정확히 반영했을 것이라는 사실은 스미스에게 당연한 것으로 보였

8) Ibid., Book I, ch. IV.

다.[9] 이러한 노동가치설에 의한 경우 판매자는 자신이 구매하고자 하는 제품을 생산하는 데 소요되는 노력을 아끼기 위해 오히려 판매하고자 하는 제품을 생산하는 데 '노력을 투입'하게 된다. 다른 사람보다 노력을 덜 들이고 생산할 수 있는 것을 굳이 구입하는 것은 구매자나 판매자 어느 쪽에도 의미가 없다. 그 결과 이상적인 교환 비율은 동일한 노력을 반영해야 한다.

그러므로 사냥꾼들 간의 교환에서 "비버를 사냥하기 위해서
p. 45 는 사슴보다 두 배의 노력이 요구된다면 한 마리의 비버는 두 마리의 사슴의 가치가 있는 것으로 보고 교환되어야 한다."[10] 물론 스미스는 모든 노동이 동일하다고 말하지는 않는다. 특정한 생산 과정은 더 어렵고, 더 많은 재능과 장기간의 숙련과 경험을 요구하기도 한다. 그러나 이러한 요소들은 "시장에서 흥정과 협상에 의해 고려될 것"[11]이다.

『국부론』의 이 부분은 그동안 '노동가치설(labour theory of value)'에 해당되는 것이라고 많은 비판을 받아 왔다. 실제로 카를 마르크스(Karl Marx)는 이를 근거로 하여 노동자들의 노동이 자본가인 기업주에 지속적으로 착취된다고 주장했다. 만약 그랬더라면 이러한 현상은 세상에 좋지 못한 결과를 초래했을 것이다.

그러나 스미스는 결코 노동가치설을 제기하지 않았다. 그는 실제로 오늘날 주요한 경제지표인 *총생산비용*(total costs of production)의 의미를 이해하려고 시도했다. 수렵 사회에서 총생산비용은 노동과 거의 완전히 일치한다. 그러나 사회는 많

9) Ibid., Book I, ch. V.
10) Ibid., Book I, ch. VI, p. 65, para. 1.
11) Ibid., Book I, ch. V, p. 49, para. 4.

은 진화를 이루었고, 스미스는 오늘날 경제 시스템에서 이용되고 있는 토지와 자본이라는 또 다른 생산 요소(factors of production)를 규명하고자 했다. 이러한 생산 요소에 대한 아이디어는 오늘날 경제학에서는 기본적인 내용이다. 그 후 스미스는 수요와 공급에 관심을 가졌다. 수요와 공급이 가격뿐만 아니라 전반적인 생산과 분배 시스템에 미치는 영향을 분석했다. 이는 선구적인 이론으로서 몇 개의 장에서 설명하고 있다. 각 장들을 동시에 살펴볼 필요가 있으며 사회가 노동을 유일한 가치의 원천으로 간주하던 시대에서 지금까지 발전되어 온 과정을 보여 준다.[12]

토지 · 노동 그리고 자본

p. 46 현대의 모든 생산은 일할 사람, 사람들이 일하는 데 사용될 수 있는 기구나 기계와 같은 장비, 그리고 일할 공간을 필요로 한다. 그 결과 스미스는 총생산 비용은 *세 가지의 생산* 요소로 나눌 수 있다고 주장한다.[13] 이러한 생산 요소들은 수렵 경제에서와 달리 다양한 사람에 의해 소유되고 각자는 생산물의 수입으로부터 일정한 몫을 받을 권리가 있다. 생산 요소는 *임금*(wages)에 반영된 노동자의 *노동*(labour), *이윤*(profits)에 반영된 고용주의 투입된 *자본*(capital, 스미스는 stock), *지대*(rents)에 반영된 지주의 *토지*(land)를 포함하고 있다.

토지 · 자본 · 노동은 공동으로 생산 활동에 기여하기 때문에 노동자 · 고용주 · 지주 간의 상호 의존성은 높아진다. 그러나 그들의 상호 의존성은 생산 활동에 그치지 않는다. 많은 생

---

12) Ibid., Book I, chs. V-XI.
13) Ibid., Book I, ch. VI.

산 활동은 교환을 목적으로 하기 때문에 생산물의 평가와 분배에서도 밀접하게 관계를 맺는다. 스미스는 우리들로 하여금, 국가 산출물의 생산·평가·분배가 개별적으로 이루어지는 것이 아니라 모든 구성원이 참여하는 경제 시스템의 작용에 관련된 부분으로서 동시에 발생한다는 점을 깨닫게 한다. 이러한 주장 또한 거대한 이론적 전환점을 형성한다.

시장이 생산을 유도하는 방법

스미스는 이상과 같이 동시적이고 상호 의존적인 경제 시스템이 *생산을 유도하고 방향을 설정하는 방법*을 설명한다. 그는 실제로 교환이 이루어지는 시장 가격은 (그가 '자연 가격 [natural price]'이라고 부르는) 총생산 비용보다 높거나 낮을 수도 있다고 말한다.[14] 시장 가격은 생산물에 대한 수요(혹은 적어도 구매를 위한 화폐를 보유하고 있는 소비자의 실제
p. 47 [effectual] 수요)와 시장에 출시되는 양에 달려 있다. 만약 시장 가격이 판매자의 총생산 비용보다 높다면 판매자들은 이득을 얻게 되는 반면에 손해를 보게 된다.

시장 가격은 결코 장기간 총생산 비용의 아래에 머무르지 않는다. 판매자는 지속적인 손해를 감수하기보다는 철수하기 때문이다. 그렇다고 높은 시장 가격 또한 오랫동안 유지되지 않을 것이다. 높은 시장 가격은 경쟁자들에게 이윤을 얻을 수 있는 여지가 있다고 신호를 보낸다. 그 결과 공급이 증가해 시장 가격이 다시 하락하게 된다. 이와같이 경제 시스템은 시장에 균형 양을 정확하게 공급하는 것을 목적으로 한다.

물론 경쟁이 불완전하고 규제가 시장 진입을 제한할 수도

---

14) Ibid., Book I, ch. VII.

있다. 실제로 독점은 시장의 과소 공급 상태를 유지시킴으로써 가격을 인상시킬 수 있다. 또한 정보의 부족으로 말미암아 저렴한 생산 공정의 개발자는 동일한 새로운 경쟁자가 나타날 때까지 수년 동안 특수한 이윤을 향유할 수도 있다. 그 결과 자연 가격과 시장 가격 간에 괴리가 발생할 수 있다.

임금의 경제 성장에 대한 의존성

이러한 시장의 불완전성은 노동 *시장*에서도 존재한다. 토지·노동·자본은 상호 의존적이지만 노동자·고용주·토지 소유자 간의 이해관계는 동일하지 않다. 스미스에 의하면, 고용주들 상호간의 갈등은 '지속적이고 한결같지만' 그들은 자신들과 노동자들 간의 갈등을 억제할 수 있는 법의 제정을 공동으로 추구한다.[15] 그러나 고용주들은 임금을 낮게 유지하는 것은 잘못된 경제 관행이라는 것을 기억해야 한다. 더 높은 임금과 더 좋은 근로 환경은 생산성을 증대시키고 그 결과 고용주에게 더 많은 수익을 보장한다는 것이다.

노동자들에게 가장 유리한 요소는 그들의 임금 인상을 가능하게 해주는 국민 소득과 자본의 증가이다. 추가 수익을 얻은
p. 48 고용주는 더 많은 종업원을 고용하고, 추가 자본을 확보한 견직업자나 제화업자는 보조자를 채용할 것이다. 다시 말하면 국부가 증가할 때만이 노동에 대한 수요가 증가하기 때문에 '노동에 대한 자발적인 보상'은 전적으로 경제 성장에 의존한다.

그러나 임금에 대한 실질적인 평가는 임금에 의한 구매량에 달려 있다. 그리고 스미스는 조세로 말미암아 그 당시 초·가죽·술과 다른 사치품의 가격은 인상되었지만 음식과 다른 생

15) Ibid., Book I, ch. VIII, p. 84, para. 13.

필품의 가격은 시장 시스템 덕분에 더 저렴했다고 말한다. 이러한 경제 시스템은 특히 가난한 사람들에게 도움을 주었다. 이는 나쁜 일이 아니다. 왜냐하면 "많은 구성원이 가난하고 비참해진다면 결코 번창하는 행복한 사회가 될 수 없기 때문이다."[16]

시장 임금률

스미스는 이론적인 측면에서 임금의 수익은 반드시 평등해질 것이라고 감히 말한다. 만약 어떤 직종이 더 좋은 보상을 받는다면 다른 직종의 노동자들이 몰려들고 시장은 멀지 않아 균형을 회복할 것이다. 그렇다면 왜 현실에서 임금률의 차이가 발생하는가?

이에 대한 스미스의 대답은 노동은 금전적인 보상뿐만 아니라 비금전적인 보상까지를 고려해야 한다는 점이다. 어떤 직업은 어렵고 기피 대상이 된다(그 이유 때문에 도축업자와 사형집행자는 베를 짜는 사람들보다 더 좋은 보수를 받는다). 또한 (벽돌쌓기와 같은) 어떤 직업은 계절적이다. 이에 반해 (약사와 같은) 다른 직업은 높은 수준의 공적인 신뢰를 받기 때문에 우대를 받는다. (법률가와 같은) 또 다른 직종은 배우는 과정에서 많은 비용이 소요되고, (오페라처럼) 많은 투자가 이루어진 후에도 성공의 확률이 낮은 경우가 있다. 이러한 모든 요소는 직종별 노동의 시장 가격에 영향을 미칠 것이다.

임금과 정치

p. 49 *정치적*인 요소도 소득과 이윤에 영향을 미친다. 규제는 특

16) Ibid., Book I, ch. VIII, p. 96, para. 36.

정 직종에 대한 진입을 방해한다. 스미스는 셰필드(Sheffield)의 칼 제조자에게는 두 명 이상, 노포크(Norfolk)의 베짜는 사람과 영국의 모자 만드는 사람에게는 세 사람 이상의 도제를 채용할 수 없게 하는 지방정부의 조례(bye-laws)를 언급한 바 있다. 이러한 진입 장벽은 다른 사람들의 '신성한 노동권(sacred property)'을 박탈함으로써 장인으로 인정받은 소수의 기존 칼 제조자, 베짜는 사람, 모자 만드는 사람들의 수입을 보장한다. 그리고 이러한 규제는 노동자들이 쇠퇴하는 직종에서 인력 수요가 많은 곳으로 이동하는 것을 방해한다.

스미스는 규제의 제정과 관련해 다음과 같이 설파한 바 있다. "동일한 직종의 사람들은 유흥과 여가를 위해 좀처럼 만나지 않지만 공익에 반하는 음모와 가격 인상을 위한 담합에서는 대화가 이루어진다."[17]

그러나 (스미스는 또 다른 지적을 곧바로 이어간다.) 정치가들과 행정가들은 서로 결탁한다. 그들은 상호간에 공모한 사항을 좀 더 쉽고 효과적으로 실현하기 위한 규제를 통과시키고 집행한다. 스미스는 장인직업조합(craft guilds) (혹은 '기업군[incorporations]')이 구가했던 일종의 특권을 염두에 두고 있다. 장인직업조합은 중세 이래로 자신들의 독점적 이익을 배타적으로 지키고, 해당 직종에 진입하고자 하는 사람들을 제약했다. 또 다른 목적을 위해서는 새로 개업 면허를 받은 장인들의 등록을 관리하고 그들 자신의 복지를 위한 기금을 회원들로부터 징수했었다.

스미스에 의하면 특정 업종 종사자들의 대한 공적인 등록

17) Ibid., Book I, ch. X, part II, p. 145, para. 27.

을 규정하는 법은 이들로 하여금 서로 접촉하기 쉽게 하고 사회적으로 악영향을 미칠 수 있는 계략적인 모임을 좀 더 용이하게 해 준다. 강제적인 조합 복지기금은 구성원들의 의무적인 부담금에 의해 조성되기 때문에 사회에 도움을 주지 못하는 자신들의 권익을 위한 계략적인 모임을 불가피하게 한다.
p. 50 더 나아가 다수결에 의해 조합의 방침을 결정하도록 하는 내용을 법으로 규정하는 경우도 있다. 그러나 이는 "어떤 자발적인 모임보다 더 효과적이고 지속적으로 경쟁을 제한하는 요소로 작용한다."[18]

스미스는 기업을 '현실적이고 효과적으로' 규율할 수 있는 수단은 고객을 잃을 수 있다는 두려움을 갖게 하는 것이라고 말한다.[19] 고객이 주인이 되는 자유로운 시장은 수많은 공식적인 규칙보다도 기업 행태를 좀 더 확실하게 규제하는 수단이다. 반면에 공식적인 규제들은 자주 원래 의도했던 것과 반대 결과를 초래하기도 한다.

자본과 이득

마찬가지로 왜곡된 규제는 스미스가 *재고*(stock)라고 말한 차기의 생산 요소에도 영향을 미친다.[20] 그가 차후에 설명하는 바와 같이[21] 재고는 옷이나 음식과 같이 즉각적인 사용을 위해 비축된 재화, 기계류와 같은 고정 자본, 향후에 운용될 유동 자본, 생산되었으나 아직은 선반에 쌓여 있는 재화 등을 포함한다.

---

18) Ibid., Book I, ch. X, part II, p. 145, para. 30.
19) Ibid., Book I, ch. X, part II, p. 146, para. 31.
20) Ibid., Book I, ch. X.
21) Ibid., Book II, ch. I.

스미스는 생산적인 기업에 투자한 사람들에 대한 수익이라고 할 수 있는 주식(stock)의 이윤은 매우 가변적이라고 말한다. 주식의 수익률은 일반 물가, 경쟁자들의 실적, 재화가 운송되거나 저장되어 있을 때 재화에 대해 발생할 수 있는 '수많은 사건' 등에 의해 영향을 받는다.[22] 반면에 이자율의 수익성은 대략적으로 예측이 가능하다. 만약 사람들이 돈을 빌리기 위해 많은 이자를 지불하고자 한다면 이는 빌린 돈을 생산에 활용함으로써 많은 이윤을 확보할 수 있다는 것을 의미한다.

예를 들어 스미스는 미국 식민지의 매우 높은 이자율에 대
p. 51 해 언급한 바 있다. 그곳은 토지는 풍부하지만 상대적으로 이
를 경작할 자본과 노동이 적다는 것이다. 높은 이윤, 높은 이
자율, 높은 임금은 토지는 저렴한 반면에 자본과 노동은 비싸
다는 것을 의미한다.

토지와 지대

토지와 지대에 대한 스미스의 견해에 의하면,[23] 그는 지주를 고용주와 동일한 수준에서 평가하고 있다는 것을 알 수 있다. 지주들은 노력하지 않으면서 단순한 토지 소유권과 토지의 입지 조건 및 비옥도에 의해 독점 가격을 구가한다. 더 나아가 매력적인 지역의 부동산을 소유하려는 거상들의 욕구로 말미암아 토지에 대한 수요가 증가하고 지가와 임대료가 대폭 인상되었다는 것이다.

토지는 식품과 공간뿐만 아니라 광물도 공급한다. 스미스는 많은 분량으로 이루어진『은에 대한 여담(*Digression on Silver*)』

22) Ibid., Book I, ch. IX, p. 105, para. 3.
23) Ibid., Book I, ch. XI.

에서 국민 소득이 증가함에 따라 생산품의 가격은 낮아지지만 토지는 비싸진다는 자신의 논지를 뒷받침하는 많은 증거를 수집한 바 있다.

자동조절 시스템

요약해서 말하면, 한 국가의 '연간 생산'은 지대・임금・이윤으로 분배된다. 이는 지주・노동자・고용주가 불가피하게 상호 의존적이라는 것을 의미한다.[24] 이들 각각은 재화가 생산・교환・사용・교체되고, 자원이 최적의 생산에 투입되는 일련의 과정이 자동적이고 순조롭게 진행되는 시스템의 한 부분을 담당한다.

그러나 이러한 과정은 편협한 이해관계자들에 의해 왜곡될 수 있다. 그들은 자신의 이익을 증진시킬 목적으로 자유 시장
p. 52 시스템을 변질시키기 위해 정부 권력을 활용한다. 지주들은 너무 게으르고 노동자들은 힘이 없다. 반면에 기업가들은 경쟁을 질식시킬 수 있는 규제를 동원할 수 있는 동기와 순발력을 보유하고 있다.

> 이러한 요구에서 비롯된 상업에 대한 모든 새로운 법과 규제는 항상 사전에 조심스럽게 청취해야 하고, 세심하고 회의적인 시각에서 장기간 그리고 주의 깊게 검토된 후에 채택되어야 한다. 각종 규제는 특정 집단의 주문에 의해 시작되기 때문이다. 이들은 일반적으로 공익과 상충되는 이해관계를 갖고 있으며 대중을 속이고 억압하는 데 관심을 갖고 자주 이를 실행한다.[25]

---

24) Ibid., Book I, ch. XI.
25) Ibid., Book I, ch. XI, p. 267, para. 10.

자본의 축적

『국부론』 제II권은 자본 축적에 관해 다루고 있다. 스미스는 자본 축적이 경제 발전의 필수 요건이라고 주장한다. 생산 과정에서 발생한 잉여는 교환과 전문화를 가능하게 한다. 이러한 전문화는 잉여를 더욱 확대하고 잉여는 좀 더 새롭고 정교한 노동 절약적인 장비에 재투자된다. 이러한 바람직한 순환 과정을 통한 자본 축적에 의한 경제 성장은 개인들에게 배분되는 몫을 확대시킨다. 따라서 한 개인(혹은 한 국가)은 상대방이 부유해지는 과정에서 가난해질 필요가 없고, 반대로 전체의 부가 확대됨에 따라 모든 국민은 더 부유해진다.

화폐

p. 53 스미스에 의하면 화폐는 본질적인 가치는 없고,[26] 단지 교환의 도구에 불과하다. 실제의 부는 동전 그 자체가 아니라 구매력에 존재한다. 그런데 금과 은의 구매력은 유동적이다. 그리고 오늘 1 기니(guinea: 21 실링에 해당되는 영국의 옛 화폐 단위)의 보수를 받는 사람은 동일한 액수를 내일 소비할 것이다. 이는 두 번째 사람에게 보수를 제공하고 그 사람은 그 다음 날 동일한 액수를 소비해 세 번째 사람에게 보수를 제공한다. 그 결과 순환되는 화폐의 양은 국가 전체 소득과 확실하게 다르다. (화폐는 순화되는 과정을 통해 계속적으로 부를 창출하기 때문에 국부는 유통되는 화폐량의 이상이다.—역자 주) 그럼에도 불구하고 중상주의자들은 운용되고 있는 화폐의 양과 국민 소득의 규모를 혼동했다는 점에서 스미스는 오류라고

26) Ibid., Book II, ch. II.

지적한다.

그러나 화폐는 그 자체의 효과가 있다고 보아야 할 것이다. 화폐가 방치되어 있을 때에는 소용없는 '사장된 증서(dead stock)'에 불과하지만 효과적인 금융 제도에 의해 화폐가 좀 더 생산적으로 활용될 수 있다. 스미스 시대에는 (정부가 자신이 발행한 지폐가 법적으로 유효하다고 선언만 하는) 오늘날과 같은 공인 화폐(fiat money)가 존재하지 않았고 은행은 금 보유고에 의해 보장받는 지폐를 발행했다. 스미스는 은행들이 과도하게 지폐를 발행할 수 있다는 위험을 목도했음에도 불구하고 이러한 화폐 제도가 현금 흐름을 좀 더 용이하게 한다고 생각했다. 실제로 스미스는 『국부론』을 스코틀랜드의 많은 은행이 도산한 1772년 금융위기 직후에 썼다. 그는 자율 경쟁에 의해 은행들이 좀 더 신중해져야 한다고 생각하면서도 추가적으로 은행에 대한 규제의 필요성을 인식했다. (스미스는 모든 경제 규제에 반대하지 않고, 전체의 복지보다는 특수한 이익을 지향하는 규제를 반대했을 뿐이다.)

소비와 투자

스미스는 총소득과 총소득에서 생산비를 제외한 순소득 간
p. 54 의 차이에 대한 새로운 아이디어를 제시했다.[27] 노동과 예금에 대한 제III장은 『국부론』의 핵심으로서 사용되는 용어가 현대의 독자들을 혼동시킬 수 있지만 소득에 대한 분석을 지속했다. 스미스는 노동을 *생산적인 노동과 비생산적인* 노동으로 구분했다. *생산적인* 노동은 비용을 초과하고 생산 인력의 확충과 같은 재투자를 가능하게 하는 잉여를 발생시키는 활동을

27) Ibid., Book II, ch. II.

의미한다. *비생산적인* 노동은 재투자될 수 있는 수입을 창출하지 않는 의사, 음악가, 변호사, 손가락 인형 작가, 공무원, 광대 등의 활동처럼 곧바로 소비되는 작업을 뜻한다. 이와같이 그는 오늘날 경제학의 핵심인 제조업 부문과 서비스 부분을 분명하게 구분했다.

p. 55 그러나 일회성의 서비스를 소비함으로써 미래 소득의 바탕이 될 수 있는 자본의 유지와 확대에 투자될 수 있는 잉여가 줄어든다. 따라서 현재 이에 대한 소비를 늘릴수록 미래의 성장과 소득을 더 많이 포기해야 한다.

사실 우리는 많은 소비로 말미암아 생산 능력의 확대에 필요한 잉여를 남기지 않을 뿐만 아니라 기존의 것을 *유지*조차 할 수 없게 된다. 스미스는 "우리가 '낭비자들'처럼 소비를 자신의 소득 범위에 제한시키지 않고 조상들이 산업 활동을 유지하기 위해 투자했던 기금을 게으름뱅이에게 임금을 지불하는 데 사용함으로써 우리의 자본을 잠식하게 된다"고 말했다.[28]

그리고 자본은 잘못된 투자 결정(스미스는 이를 '오판'이라고 불렀다)에 의해 소모될 수 있다. 이는 국가의 금과 은의 보유량을 줄이지 않지만 국가의 생산 능력을 감소시키게 된다. 스미스의 이러한 주장은 중상주의자를 연상케 했다. 그리고 만약에 법에 의한 지배(rule of law)가 확립되어 있지 않다면 일차적으로 자본을 축적하고자 하는 국민들의 동기를 저하시켜 자본을 잠식시킬 수 있다.

그러나 "거대한 국가는 비록 가끔 정부의 방만(prodigality)

28) Ibid., Book II, ch. II, p. 339, para. 20.

과 오판(misconduct)에 의해 가난해질 수는 있지만 민간 부문에 의해서는 그런 일이 결코 발생하지 않는다."[29] 일반 국민은 자신들의 여건을 개선하기 위해서는 반드시 저축하고 투자해야 한다고 생각하고 있다. 그러나 정부는 자본 확충의 중요성에 대해서는 관심을 덜 갖는다. 국가의 역할은 투자 확대가 아니라 현재의 사업에 대해 소비하는 것이다. 스미스에 의하면 정부는 모든 수입을 *비생산적인* 일손을 유지하는 데 사용한다.

> 국왕과 각료들이 국민 경제를 보살피는 것처럼 가장하는 것은 가장 오만하고 뻔뻔스러운 일이다. …… 그들은 항상 예외없이 한 국가에서 가장 방탕한 존재들이다. …… 그들 자신들이 방탕으로 국가를 망하게 하지 않는다면 국민들은 절대로 그런 일을 하지 않는다.[30]

'정부의 낭비'는 납세자들로 하여금 '자신들의 자본을 잠식'하도록 강요할 수도 있다. 이러한 현상은 국민들의 검약과 선행이 정부의 낭비와 타락을 보전할 수 없을 때까지 지속될 것이다. 그럼에도 불구하고 시장 경제는 견고한 시스템을 유지한다. 비대한 정부는 국민 경제를 후퇴시킬 수는 있으나 작동을 정지시킬 수는 없을 것이다.

> 자신의 여건을 개선시키고자 하는 개인들의 일관되고 지속적인 불굴의 노력은 자주 매우 강력해서 정부의 방만과 정책 과오에도 불구하고 발전을 향한 자연적인 과정을 유지시킬 수 있다.[31]

29) Ibid., Book II, ch. III, p. 346, para. 36
30) Ibid., Book II, ch. III, p. 346, para. 36.
31) Ibid., Book II, ch. III, p. 343, para. 31.

자본에 대한 추가 분석

p. 56 스미스는 자본은 다양한 방법으로 활용될 수 있다고 주장한다.[32] 수산물과 같은 자산은 곧바로 소비되고, 기계와 같은 것들은 생산 활동과 원료와 생산물의 운송 과정에 사용된다. 그리고 가끔 무시되지만 동일하게 중요하면서 생산적인 소매 자본은 재화를 더 작고 소비 가능한 단위로 쪼갠다. 그 결과 우리가 고기를 필요로 할 때 황소 전체를 살 필요가 없게 된다. (이와 같은 관점에서 스미스는 선술집에 대한 허가 제도와 같이 특정 지역의 소매업의 수를 제한하는 정부 조치에 대해 냉소적으로 평가한다. "국민들이 술을 좋아하는 성향을 갖도록 하는 것은 선술집의 숫자가 아니다. …… 오히려 그러한 음주 성향은 많은 선술집의 고용을 확대시킨다."[33] 다른 것과 마찬가지로 소매업은 수요를 따라간다.)

그러나 제Ⅱ권의 주요한 메시지는 생산물 전체를 소비하기보다는 일부를 저축함으로써 생산적인 자본을 증가시킬 수 있고 이를 통해 다시 미래의 생산을 확대시킨다는 것이다. 이것이 (중상주의자들이 언급하는) 은행 금고 속의 귀금속 양과 관계 없이 확대되어 가는 부의 순환 과정이다.

자본의 축적을 통해 더 많은 전문가와 노동 절약적인 생산 과정이 개발될 수 있다. 스미스에 의하면 이러한 과정을 통해 분업은 심화되고 이는 다시 더 많은 노동을 요구할 것이다. 그러므로 자본이 확대됨에 따라 임금이 상승한다. (물론 스미스는 산업혁명의 완전한 동력이 분명해지기 이전에 그리고 수공

---

32) Ibid., Book II, ch. V.
33) Ibid., Book II, ch. V, p. 360, para. 7.

업이 경제 활동의 주요한 요소일 때 『국부론』을 저술했다. 그는 기계가 노동자를 현실적으로 대체하는 것을 상상하지 못한 것처럼 보인다.)

다시 말해서 시장 경제 시스템은 국부를 증가시키는 데 매
p. 57 우 효율적이고 증가된 부는 가장 가난한 노동자들에게까지 확산된다. 실제로 시장경제 시스템을 채택한 부유한 나라의 가난한 사람은 이를 채택하지 않은 가난한 나라의 부자들보다 더 잘산다. 이것이 내포하는 세계화의 메시지는 국가가 자족 경제 시스템을 버리고 무역장벽을 허문다면 더 부강해진다는 것이다.

경제 제도의 역사

제Ⅲ권은 때로는 역사적인 추론을 통해, 때로는 역사적인 사실인 부를 통해 경제적인 상호 관계를 살펴본다. 스미스는 먼저 농업에서 산업으로 발전되어 가는 과정을 살핀다. 그는 도시의 성장 그리고 도시와 시골 간의 상호 의존 관계는 극히 자연스러운 현상이라고 주장한다. 장인은 자신들의 식량을 구입하기 위해 농부가 필요하다. 반면에 농부는 자신들의 장비를 구입하기 위한 장인과 자신들의 재화를 팔기 위한 시장을 제공하는 도시가 필요하다. 실제로는 더 큰 도시와 더 큰 시장을 필요로 한다. 도시는 (당시 프랑스의 중농주의자들이 주장했던 바와 같이) 단지 시골과 떨어져 존재하는 것이 아니다. 양 지역은 각자의 기여도를 교환함으로써 자신들의 가치를 증대시킨다.

스미스는 유럽의 봉건 질서의 붕괴를 기록한다. 그리고 로마제국 멸망 후의 봉건법(feudal law) 발생 근원과 봉건 제도

가 상업에 의해 대체되어 가는 과정을 탐색한다.[34] 그는 거래와 상업 시대 이전에는 거대 지주가 부를 독점했고 자연스럽게 지역의 법적인 권위도 행사했다고 주장한다. 대지주가 권력을 자의적으로 행사하자 비록 부분적인 성공이었지만 이를 제한하기 위해 봉건법이 제정되었다. 그러나 거래와 상업이
p. 58 확대되면서 지주의 부와 권력은 잠식되고 그들 자신은 독립적인 소작인이 되었다. 이러한 소작인들은 자신의 열망을 갖고 더 많은 안정을 요구함에 따라 봉건 제도는 지주와 평민 모두에게 동일하게 적용되는 '법의 지배'에 의해 대체되었다. 상업의 발달에 의해 경제 권력이 정치 권력으로부터 분리되고, 실제로는 경제 권력이 더 막강해졌다.

경제 권력이 국민들의 자본을 보호하고, 거래·상업·제조업을 사법부의 보호 하에서 성장할 수 있도록 했기 때문에 스미스의 관점에 의하면 정치 권력과 경제 권력 간의 분리는 바람직한 현상이었다. 또한 경제 권력의 부상으로 말미암아 대중을 위해 봉사하겠다는 의도가 전혀 없고 오직 자신들의 재산과 안전에만 관심이 있는 집단들에 의해 사회적으로 바람직한 결과가 형성되었다.

경제 이론과 정책

제Ⅳ권에서 스미스는 경제 간섭주의에 대해 비판하고 있다. 그는 중상주의, 화폐와 재산은 동일하다는 중상주의 잘못된 견해, 가능한 많은 금과 은을 보유하기 위해 수입을 제한하고 수출을 확대하려는 중상주의 정책을 언급하면서 제Ⅳ권을 시

34) Ibid., Book III, ch. IV.

작한다.[35]

중상주의와 화폐

스미스는 우리에게 화폐는 교환을 용이하게 해 주는 도구에 불과하다는 것을 상기시킨다. 외국과의 무역은 전체 상업의 작은 부분에 지나지 않기 때문에 금의 국경 간의 이동으로 거대한 국가가 망하는 일은 거의 없다.

물론 중상주의자들은 금은 내구재이고, 우리가 어리석게도
p. 59 내구재를 확보하기 위해 일상 소비용품을 수출하고 있는 동안 우리나라에 수출하는 국가들은 지난 수십 년 농안 영악하게노 금을 축적할 수 있었다라고 아쉬움을 표한다. 그러나 스미스는 우리가 프랑스로부터 (소비재인) 포도주를 수입하고 반대로 (내구재인) 하드웨어를 수출하는 것은 매우 바람직한 것이라고 응수한다. 그러나 프랑스는 필요 이상으로 많은 항아리와 냄비를 쌓아 놓을 정도로 그렇게 우둔하지 않고 우리도 적정량을 초과하는 금과 은을 비축할 정도로 어리석지 않다. 비활동적인 금속의 과다 보유는 죽은 자본으로 우리를 풍요롭게 해 주지 못한다.

절대 우위

스미스는 우리의 금과 은의 보유고를 유지하기 위해 수입을 제한한다면 국내 소비자들의 선택 폭이 좁아진다고 말한다. 중상주의에 의하면 국민들은 더 좋고 값싼 제품을 생산하는 많은 외국의 생산자들보다는 국내 생산자들로부터 구입해야만 한다.[36] 그러나 이러한 현상은 많은 비용이 소요되면서 비

35) Ibid., Book IV, ch. I.
36) Ibid., Book IV, ch. II.

생산적인 정책이다. 국내의 직업 부문 간의 분업에서처럼 국가들도 자신이 가장 잘 만들 수 있는 것을 생산하고 그 잉여를 교환해야 한다. 이러한 주장은 오늘날의 *절대 우위*(absolute advantage)라고 불리는 원칙의 초기 언명이다. 스미스는 분명한 예를 들어 이러한 경우를 제시한다.

> 스코틀랜드도 유리와 온실 시설을 이용해 좋은 포도를 생산할 수 있다. 그리고 다른 나라에서 수입되는 수준의 포도주를 얻기 위해 30배의 비용을 들여 양질의 포도주를 제조할 수도 있다. 이러한 경우 포도주 수입을 금지하고 스코틀랜드에서 프랑스 보르도산(産) 적포도주(claret)와 프랑스 부르고뉴산 포도주(burgundy)를 생산하도록 독려하는 법이 과연 정당한가?37)

p. 60 이러한 개입주의는 불합리할 뿐만 아니라 많은 비용을 초래하고 산업을 퇴보시킨다.

> 일반 국민을 이미 규정된 방법으로 자본을 투자하도록 지도해야 하는 정치가는 스스로가 불필요한 짐을 부담하는 것과 같다. 이는 어느 정치가도 부여받은 권한을 안정되고 신뢰할 수 있는 수준에서 행사하지 못한다는 것을 의미한다. 어느 한 정치가도 안전하게 위탁될 수 없는 권한을 무리하게 떠맡고 있는 꼴이다. 그 결과 자신이 그러한 권한을 행사하는 것이 적절하다고 착각에 빠질 정도로 어리석고 뻔뻔스러운 사람들의 경우처럼 그토록 위험한 사례는 없다.38)

관세와 보조금

스미스는 상대 나라의 관세를 인하하기 위한 경우처럼 *대응적인* 측면에서 일시적으로 관세를 운용할 필요가 있다는 점은

37) Ibid., Book IV, ch. II, p. 458, para. 15.
38) Ibid., Book IV, ch.II, p. 458, para. 10.

인정한다. 그러나 이러한 경우 일반적으로 무의미하고 유해하기 때문에 관세를 지지하는 사람에 대해서는 회의적인 시각을 견지한다. 예를 들어 외국산 포도주와 맥주에 대한 영국의 관세는 국민들의 음주를 줄인다는 명분에 의해 정당화될 수 있다. 그러나 스미스는 비록 술이 남용되는 경우는 있으나 우리 스스로가 양조하는 경우보다 더 싸게 살 수 있다면 여전히 바람직하다는 반론을 제기한다. 또한 그는 포르투갈이 영국 제품에 대한 더 좋은 고객이기 때문에 이러한 관세는 프랑스보다는 포르투갈에 유리하게 적용된다고 주장한다. 그는 "하찮은 무역상들의 은밀한 계략이 대제국을 운영하는 데 필요한 정치적인 금언(political maxim)으로 자리잡게 된다"고 비판한다.[39]

그리고 스미스는 중상주의자들에게 무역 역조에 대해 걱정할 필요가 없다고 말한다. 한 국가가 소비 이상으로 생산을 한
p. 61 다면 그것은 자본의 절약이면서 축적이다. 그런 나라는 여전
히 수출보다는 수입을 더 많이 할 수 있음에도 불구하고 계속적으로 잉여를 생산함으로써 더욱 부유해진다.

'공제 제도'(수출업자에 대한 조세 경감)와 '장려금'(보조금)을 포함한 또 다른 무역 간섭에 대한 스미스의 평가는 그 당시 재미있는 일화를 제공한다.[40] 예를 들어 비록 가끔 발생하지만 다음과 같은 분명한 사례가 있다.

> 백청어 어업에 대한 장려금은 어선의 톤수를 기준으로 했다. 어선의 노력과 어획고보다는 어선의 짐에 비례하여 장려금을

---

39) Ibid., Book IV, ch. III, part II, p. 493, para. c8.
40) Ibid., Book IV, chs. IV and V.

지급했다. 그 결과 유감스럽게도 어선들이 물고기보다는 장려금을 확보하기 위해 행동하는 것은 매우 일반적인 경향이다.[41]

식민지 무역 제한

『국부론』은 미국의 들끓던 불만이 반란으로 폭발하기 단지 몇 달 전에 출간되었다. 『국부론』의 식민지에 관한 장은 스미스의 미국에 대한 동정심을 보여 준다.[42] 이러한 사실은 중상주의 제약이 미국의 무역을 방해했을 뿐만 아니라 (영국에도 향후 도움을 주지 못했다) 정의의 관점에서 영국의 조세 수입에 대한 미국의 기여도에 걸맞게 의회에서 더 많은 숫자의 대표자를 할당받지 못했다는 인식에 기초한다.

스미스는 식민지의 기원에 대한 연구를 통해, 식민지는 중상주의자들이 부와 동일시했던 금과 은을 확보할 목적으로 설정되었다는 점을 제시한다. 그러나 미국의 거대한 자산은 토지였다. 토지는 풍부하고 저렴했지만 그 잠재적인 생산을 실현하기 위해서는 많은 노동이 필요했다. 그 결과 노동은 비쌌지만 미국 농업의 생산성이 높아서 노동의 비용을 충당할 수
p. 62 있었다. 실제로 미국은 비옥한 토지와 풍부한 재원으로 말미암아 영국의 조세와 무역 제약에 의해서도 (아직) 망하지 않았었다.

불행하게도 미국으로 하여금 오직 영국과 무역하도록 하는 정책으로 말미암아 영국의 자본과 기업이 더 생산적이던 곳에서 대미 무역으로 전환되어 미국과 함께 영국의 번영이 억제되고, 자본의 축적이 약화되어 양국의 장래 소득을 감소시켰

41) Ibid., Book IV, ch. V, p. 520, para. 32.
42) Ibid., Book IV, ch. VII.

다. 스미스에 의하면 영국은 미국을 자신들의 고객으로 만들려고 의도했고, 이러한 정책은 결과적으로 미국민들을 농부에서 정치가로 변신시켰다. 미국민의 정치적 저항에 직면하게 되어 실패하고 말았다. 그리고 영국의 많은 기업이 대서양 무역에 집중하고 있었기 때문에 영국 정책의 실패로 말미암아 그 정치적 리스크는 컸다. 오직 무역과 정치의 자유화에 의해 그런 위험을 줄일 수 있었다. 그러나 당시 영국의 투자 방향은 미국에 집중되어 왜곡이 심했기 때문에 이를 조정하는 데 많은 고통이 수반되었다.

미국에 대한 영국의 무역 제한은 소비자보다는 생산자의 이해관계가 주로 반영되는 중상주의 사고의 또 다른 사례이다. 그러나 소비는 모든 생산의 유일하고 최종적인 목적이다. 그리고 생산자의 이해관계는 소비자의 이해관계를 증진하는 데 필요한 경우에 한해 고려되어야 한다.[43]

자유로운 대안

스미스는 중농주의자들(physiocrats)을 비판했다. 프랑스 중농주의자들은 모든 가치는 토지와 농업에서 비롯되고, 도시의 상인과 장인들은 새로운 생산 없이 이미 생산된 부를 단지 재조정하는 데 불과하다고 주장했다. 이에 반해 스미스는 도시민들은 본질적으로 생산적이라는 주장한다. 그들은 자본을 소비할 뿐만 아니라 대체시키기도 하기 때문에 그들은 *생산적*이지 결코 *비생산적*이지 않다는 것이다.

p. 63 그럼에도 불구하고 그는 중농주의자들의 철학을 높이 평가한다. 그들은 산출을 화폐와 혼동하지 않고 완벽한 무역의 자

43) Ibid., Book IV, ch. VIII, p. 660, para. 49.

유를 산출을 극대화하는 최선책이라고 본다는 것이다.

스미스는 시장 경제는 비록 자유가 완벽하게 보장되지 않을지라도 살아남을 충분한 힘을 가지고 있다고 주장한다. 자유 경제 체제의 묘미는 그것이 자동적으로 작동한다는 점이다. 자연적인 자유가 보장된 분명하고 단순한 시스템은 그 자신을 조화롭게 한다. 사람들은 그들 자신의 이익을 추구할 수 있는 자유를 갖고 있으며 우리가 알고 있는 바와 같이 그들은 중앙의 지시 없이도 무의식 중에 모든 사람의 이익을 증진한다.

> 자유 경제 체제 하에서는 군주는 인간의 지혜와 지식으로 감당할 수 없는 의무로부터 완전히 자유로워진다. 그리고 민간 부문의 산업들을 감독하고 이들로 하여금 사회 전체 이익에 가장 잘 부합될 수 있는 고용을 지향하도록 하는 의무가 면제된다.[44]

이러한 주장은 스미스의 관점에서는 당연하다. 왜냐하면 자원을 특정한 방향으로 유도하고자 하는 모든 시스템은 현실적으로 원래 증진시키고자 했던 거대한 목적에 대해 유해하기 때문이다.[45]

정부의 역할

스미스는 제V권에서 정부의 적절한 역할을 분석한다. 그는 정부와 관료 집단에 대해 비판적이지만 자유방임(laissez-faire)의 옹호자는 아니다. 스미스는 자신이 묘사하는 시장 경제는 재산이 보호되고 계약이 지켜지는 자체의 규칙이 준수될
p. 64 때 원활하게 작동하고 장점을 발휘할 수 있다고 믿는다. 그 결

44) Ibid., Book IV, ch. IX, p. 687, para. 51.
45) Ibid., Book IV, ch. IX p. 687, para. 50.

과 *사법 제도*와 *법의 지배*를 확립하는 것이 필수적이다.

*국방*도 마찬가지다. 만약 외국의 힘에 의해 재산이 약탈당하는 것은 이웃에 의해 도둑맞는 것보다 더 심각하기 때문이다.

그러나 스미스는 이보다 더 나아가 *공적인 일자리를 창출하고 교육을 증진하*는 정부의 역할이 있다고 주장한다.

국방

스미스는 수렵과 채집 사회에서 모든 사람은 자기 자신을 방어해야 했다고 생각한다. 그러나 수렵인들은 주간에 생활하고 재산이 거의 없었기 때문에 중앙의 권위가 필요 없었다. 농업 시대에는 재산(예를 들면 곡식과 가축)을 축적하기 시작하고 이를 방어하는 것이 최우선이었다. 그 결과 분업의 원칙에 따라 전문적인 군대가 창설되었다. 가장 많은 재산을 소유하는 사람들은 국방으로부터 가장 많은 혜택을 본다. 그러나 그들은 다른 사람들을 '무상 수혜자(free-riders)'로 방치하기보다는 일정 부분 기여하도록 강요했다. 그 결과 국방은 정부의 한 기능이 되었다.

사법

동일한 역사적 논거가 사법(justice) 부문에도 적용된다. 사람들이 상업과 교환 사회로 전환되어 감에 따라 재산을 보유한 사람들은 그렇지 못한 이웃으로부터 자신들을 방어하기 위해 시민 정부를 설립했다.

p. 65 부자들의 풍요는 가난한 사람들의 분노를 촉발시킨다. 가난한 사람들은 욕구와 시기에 의해 부자들의 재산을 침해한다. 여러 해 혹은 수 세대 동안의 노동에 의해 확보한 귀중한 재산의 소유자들은 치안판사의 보호 하에서만이 하룻밤이라도 편안하게

수면을 취할 수 있다.[46]

모든 사람이 독립적인 재판관의 권위를 받아들인다는 것은 분명히 필요한 일이다. 자신들의 사법적인 보호막을 형성하기 위한 부유하고 힘있는 사람들의 노력은 힘・지혜・신중성・성숙도・재산・위상 등과 같은 개인적인 자질의 권위를 존중하는 인간들의 자연스러운 성향에 의해 촉진된다.

다시 말하면, 시민정부는 상업 사회에서 나타나는 갈등과 불평등의 결과이다. 이러한 시민정부는 비록 완벽하지는 않지만 필요한 존재이다.

시민정부가 재산권의 보호를 위해 제도화된 것이라면 이는 실질적으로 빈자들에 대해 부자, 혹은 무산자들에 대해 유산자들을 보호하기 위한 제도이다.[47]

이러한 불완전한 토대 위에서 형성된 정부의 구조 역시 불완전하다는 것은 놀라운 일이 아니다. 정부는 과세권에 의해 거대한 자원을 확보할 수 있지만 사적인 개인들처럼 이를 효율적으로 관리할 유인을 갖고 있지 않다.

> 왕실 소유지가 민간에 불하되었다면 수년 내에 잘 개발되고 경
> 작되었을 것이다. …… 왕실이 관세와 소비세의 납세 의무로부
> p. 66 터 확보할 수 있는 수입은 국민들의 수입과 소비가 증가함에
> 따라 늘어날 것이다.[48]

효율적인 자원 관리를 위한 정부의 유인의 결여는 교정되어야 한다. "공공 서비스는 경제적인 보상이 산출된 결과에 의해

46) Ibid., Book V, ch. I, part II, p. 710, para. c2.
47) Ibid., Book V, ch. I, part II, p. 715, para. 12.
48) Ibid., Book V, ch. II, part I, p. 824, para. a18.

이루어지고 각자의 근면성에 비례해 지불될 때보다 더 효율적으로 제공되지 못할 것이다."[49]

공공 업무와 제도

스미스가 제시하는 정부의 세 번째의 의무는 "특정한 공적인 업무와 공적인 제도를 설립해 운영하는 것이다. 이는 특정한 개인이나 소수의 이익을 위한 것이 아니다."[50]

상업을 편리하게 해 주는 *기간 산업*과 사람들을 사회적이고 경제적인 질서의 건설적인 구성 요소로 성장시키는 데 도움을 주는 *교육*을 포함한다.

공적인 업무

번영은 상업을 필요로 하고 상업은 도로·교량·항구와 같은 기간 산업을 전제로 한다. 스미스는 일부의 기간 산업은 조세 수입에 의해 건설되고 그 비용 또한 환수될 수 없다고 믿고 있다. 그럼에도 불구하고 가능한 수익자 부담 원리를 강구해야 한다고 주장한다. 기간 산업의 최소한 비용은 전체 국민들에 대한 조세 수입보다는 이용자들에 대한 통행료 수입에 의해 보전되어야 한다. 마찬가지로 주요한 혜택이 특정 지역에 국한되고 비용이 통행료에 의해 지변될 수 없다면 국세보
p. 67 다 *지방*세가 유용한 수단이다. 예를 들어 런던의 도로 포장과 가로등은 런던 납세자들이 부담해야 한다.

또한 스미스는 사람들로 하여금 미개발 국가와 무역을 개설하도록 독려하기 위한 공적인 면허 제도의 필요성을 인식한다. 그러나 이러한 지원은 일반 조세 수입에 의한 보조금보다

49) Ibid., Book V, ch. I, part II, p. 719, para. 20.
50) Ibid., Book IV, ch. I, part III, p. 723, para. c1.

는 일시적인 지역 독점(특허와 저작권) 형태로 제공되어야 한다.

지금까지 『국부론』은 국민들의 자본을 통제하는 정부에 대한 광범위한 비난을 포함하고 있다. 이와 관련된 정부 지출 계획은 기껏해야 어중간한 수준에 머무른다. 그럼에도 불구하고 원활한 상업 활동을 위해서는 법의 지배뿐만 아니라 기간 산업도 확충되어야 한다. 그러나 도로·교량·항구 등은 상업적으로 개설할 수 있고 비용 또한 사용자들에 대한 부담금에 의해 전체적으로 회수하는 방안도 가능하다. 도로 포장과 가로등은 지역의 사업체에 의해 설치되고 비용이 지불될 수도 있을 것이다. 이는 새로운 무역 루트를 개설하는 것이 경제적 가치가 있을 때에는 일부러 정부가 개입할 필요가 없는 것과 같은 이치이다.

오늘날에는 새로운 사업 주체의 지원과 기본적인 기간 산업의 개설을 위한 훨씬 더 다양한 재원 조달 장치를 가지고 있다는 점에서 스미스의 견해를 받아들일 수 있을 것이다. 그리고 오늘날에는 도로·교량과 다른 시설의 이용자들로부터 사용료를 징수할 수 있는 더 양호한 기법들을 보유하고 있다. 그러나 18세기에는 정부에 의한 자금 조달과 사업 주도는 모든 사람이 동의하는 그러한 사업들을 수행하는 유일한 방법이었을 것이다.

젊은이들에 대한 교육

스미스는 상업의 번창에 기간 산업이 필요하듯이 사회 발전
p. 68 을 위한 기초 교육의 중요성을 인식한다. 그러나 여기서도 그의 현실 분석과 이에 대한 처방은 그의 전체적인 분석과 일치하지 않는 것처럼 보인다.

그의 출발점은 분업은 모든 이점에도 불구하고 사회적으로 바람직하지 못한 결과를 초래할 수도 있다는 점이다. 특정 업무에 대한 매일 지속되는 집중은 필연적으로 당사자의 견해와 이해관계를 축소시킨다.

> 항상 동일한 효과를 나타내는 몇 가지 단순한 업무에 평생을 바친 사람은 자신의 이해력을 발휘하거나 그동안 발생하지 않았던 난관을 해소하기 위한 수단을 발견하는 데 필요한 창의력을 동원할 수 있는 기회를 갖지 못한다.[51]

차후에 마르크스는 이를 '소외(alienation)'라고 부르고,[52] 스미스는 이를 교정하기 위해 교육이 필요하다는 점을 주장한다. 교육은 당시에 가장 많은 어려움을 겪고 있는 (제조업자와 상인들은 더 좋은 환경에서 생활한다) 가난한 노동자들에게 초점이 맞추어져야 한다. 그리고 스미스는 상업을 활성화시키기 위해서는 읽고·쓰고·계산할 수 있는 능력이 필요하고 기하학과 기계공학도 유용하다고 말한다.

'정부'는 스미스가 커콜디에서 재학했던 지방정부에 의해 설립되었던 학교들을 확대함으로써 이러한 교육을 활성화할 수 있다. 그러나 정부는 학교 건립 자금은 지원할 수 있지만 교사들의 모든 임금은 지급해서는 안 된다. 만약 교사들이 학생들

---

51) Ibid., Book V, ch. I, part III, p. 782, para. f50.

52) 소외는 학자에 따라 다르게 정의되고 있다. 마르크스는 노동가치설에 입각해 노동자들이 자신들의 고유한 가치인 노동을 유산계층에게 착취됨에 따라 느끼는 박탈감으로 정의한다. 반면에 베버는 현대 사회의 대규모 조직인 관료제 속에서 개인들이 거대한 기계의 부속품으로 전락해 주체성을 박탈당하는 느낌을 받을 때 소외 현상이 발생한다고 주장한다. 따라서 스미스가 업무의 반복에서 발생하는 단조로움을 소외라고 규정했다는 점을 기초한다면 스미스의 소외에 대한 견해는 마르크스보다는 베버의 관점에 더 가깝다고 볼 수 있다.—역자 주.

의 등록금에 의존한다면 그들의 업적은 그만큼 향상될 것이다. 스미스는 옥스퍼드의 생활을 달갑지 않게 기억한다. 그곳에서는 "학교와 대학에 대한 기부금은 필연적으로 교사들의 적극성을 다소간 약화시켰다. 그들의 위상은 자신들의 특수한 전문 직업에서의 성취와 명성과는 완전히 독립적이다."53)

p. 69 그는 학생들이 모든 경비를 부담하는 검술이나 춤과 같은 기술을 가르치는 사립학교에 많은 관심을 표명했음에도 불구하고 이러한 기본 교육에 대해 정부가 어느 정도 투자해야 하는지에 대해서는 분명한 의견을 제시하지 않는다. 그러나 정부 업무에 대한 스미스의 경고를 마음에 두고 있는 현대의 독자들은 학교를 건립하기보다는 필요로 하는 학생들에 보조금을 지원하는 것이 더 좋을 수 있다고 생각할 수도 있을 것이다.

평생 교육

스미스는 성인 교육과 종교 교육의 증진을 위한 정부 역할을 인식하고 있다. 성직자들은 신도들의 십일조에 의해 보수가 지급될 때 더 게을러진다. 그럼에도 불구하고 성장하는 도시에 매력을 느끼는 것은 앞으로 종교적이고 도덕적인 교육이 한층 더 중요해진다는 것을 의미한다. 그래서 그는 일상적이고 반복적이더라도 과학·철학·예술을 장려하기 위한 최소한 몇 가지의 정부 역할을 강조한다. 그리고 그는 '나병이나 혐오스럽고 전염성이 강한 질병의 확대를 방지하는 것'처럼 비겁(cowardice)이라는 '정신적인 장애'를 극복하기 위한 정부의 '신중한 주의'를 당부한다.54)

53) Ibid., Book V, ch. I, part III, article II, p. 760, para. f5.

국가

과세에 의해 지변되어야 할 마지막 항목은 국가의 존엄성(dignity of the sovereign) 유지이다. 이는 군주정치 체제의 유지 비용과 범인 재판의 공판 비용을 포함한다. 그러나 그는 *민사* 재판은 주요한 수혜자인 분쟁의 당사자들에 의해 지변되어야 한다고 주장한다.

과세의 원칙

p. 70 스미스는 최소한 몇 가지의 과세가 필요하다는 원칙을 정립한 후에 가장 효과적으로 징수하는 방법에 관심을 갖는다. 이에 대해 평이하면서도 분명한 근거를 갖고 말한다. 스미스는 "정부가 국민들의 호주머니에서 돈을 빼내는 방법을 그 무엇보다도 빨리 알아차리게 된다는 사실"을 분명하게 인식하고 있다.[55]

따라서 당연히 약간의 제약이 필요하고 스미스는 유명한 네 가지 과세 원칙을 제시한다. 첫째, 국민들은 국가의 보호 하에서 이룩한 소득에 비례해 부담해야 한다. 둘째, 조세는 과세자의 자의적인 결정에 의존하기보다는 명확해야 한다. 셋째, 조세는 납부하기에 편리해야 한다. 넷째, 조세는 부작용(side effects)이 최소화되어야 한다. 즉 징세 비용이 저렴해야 하고, 산업과 기업 활동을 방해해서는 안 되고, 밀수와 같은 탈세를 부추기지 않아야 하고, "과세자의 잦은 방문과 불쾌한 세무조사는 자제되어야 한다"는 것 등이다.[56]

---

54) Ibid., Book V, ch. I, part III, article II, pp. 787-8, para. f60.
55) Ibid., Book V, ch. II, part II, appendix to article I and II, p. 861, para. h12.
56) Ibid., Book V, ch. II, part III, p. 827, para. b6.

스미스는 과세는 정부가 바르게 행사해야 할 사항이라고 말한다. 이와 같은 맥락에서 그는 우리의 소득이 의존하고 있는 자본은 매우 유동적이기 때문에 기업에 대한 과세는 현명하지 못한 처사라는 점을 분명히 인식하고 있다.

> 주식의 소유자들은 세계인이고 반드시 특정 국가에 얽매일 필요가 없다. 그들은 부담해야 할 조세 규모를 평가하기 위해 귀찮은 조사를 받아야 하는 나라에서는 이탈하기가 쉽다. 그들은 자신의 사업체를 운영하거나 부를 향유하는 데 다소나마 편리한 곳으로 주식을 이전시킨다.[57]

p. 71 그러나 스미스의 주장에는 일관성이 없는 부분이 있다. 예를 들어 소비세에 대해서는 반대하면서 사치재에 대한 조세는 지지한다(가금류와 같이 오늘날 기본적인 것으로 생각할 수 있는 것들을 포함함). 그리고 소득에 대한 비례를 주장하면서 부자들에게는 '비례세 이상'을 요구한다.

국가 채무

정부 역할에 대한 스미스의 견해는 그의 일반 원칙과 불일치하고 정책 처방 또한 일관성이 없어 보인다. 그러나 예전 입장을 견지하면서 마무리를 하고 있다. 정부는 국민들의 호주머니에서 빼내는 액수보다 더 많은 돈을 소비하는 경향이 있다. 그래서 그는 거대한 국가 채무는 특히 위험하다는 경고를 보내면서 『국부론』을 끝맺는다.[58]

정부는 공채를 발행함으로써 투자와 성장 부문에서 재원을 끌어와 필연적으로 성장을 후퇴시키는 정부 활동의 형태로 현

---

57) Ibid., Book V, ch. II, article II, pp. 848-9, para. f8.
58) Ibid., Book V, ch. III.

재의 소비에 사용한다. 더 나아가 정부 차입은 정치가들로 하여금 국민들에게 더 많은 조세를 요구할 필요 없이도 더 많은 사업을 수행하고 자신들의 권력을 증진하도록 해 준다. 그리고 그들은 어떤 방법으로든지 상환을 회피하는 방법을 찾게 된다. 이러한 이유 때문에 국가 채무는 집단 간의 바람직하지 못한 재원의 이전으로 자유와 번영에 대한 심각한 위협이 된다.

오늘날의 『국부론』

p. 72 물론 산업혁명에 의해 모든 것이 변화되기 이전인 스미스의 세계와 현재는 분명히 많은 차이가 있다. 그는 오늘날 자본주의 주류인 주식회사에 대해 회의적이었다. '수많은 주식 소유자'는 자신들이 투자한 회사에 대해 결코 관심을 집중시킬 수 없다고 주장했다.[59] 아마도 그의 말이 옳았던 것 같다. 그리고 그는 막강한 노조의 등장, 산업의 환경 오염, 화폐의 인플레이션을 비롯해 오늘날 경제학자들을 괴롭히는 것들을 예견하지 못했다.

그럼에도 불구하고 『국부론』은 통제 시스템 없이도 근로·무역·저축·투자의 자유와 안정성이 어떻게 경제적 번영을 증진하는가를 보여 줌으로써 오늘날 우리가 직면한 최악의 경제 문제들을 해결할 수 있는 여전히 유효한 해결책을 제시하고 있다. 자유 경제는 적응 가능하고 유연한 시스템으로서 새로운 것에 의한 충격을 견디고 미래에 발생할 수 있는 모든 것에 대처할 수 있다.

---

59) Ibid., Book V, ch. I, part II, article I, p. 744, para. e22.

4. 『도덕적 감정론』

p. 73 『도덕적 감정론(*The Theory of Moral Sentiments*)』은 글라스고대학교에서의 윤리학 강의를 토대로 하여 스미스가 35세이던 1759년에 출간되었다. 스미스는 수사학과 문체에 대해 강의를 했고, 사용하는 언어 또한 오늘날 철학자들의 간결한 과학적인 산문보다 화려하기 때문에 이 책은 읽기가 쉽지 않다. 실제로 그의 친구 에드먼드 버크(Edmund Burke)는 "저술이라기보다는 미술"이라고 평가했다. 따라서 정독할 필요가 있다.

주요 주제

그러나 『도덕적 감정론』은 진정한 과학적인 혁신서이다. 이 저서는 우리의 도덕적 생각과 행동은 사회적인 존재로서 인간의 본성에서 비롯된다는 점을 제시한다. 이러한 사회적인 심리(social psychology)가 이성(reason)보다도 도덕적 행동에 더 적합한 지침이 된다는 점을 강조한다. 또한 이 저서는 사회가 유지되는 데 필요한 *이해타산*(prudence)과 *정의*(justice)의 기본적인 규칙을 확인하고 사회를 발전시킬 수 있는 *이타적인*(beneficent) 행동을 추가적으로 설명한다.

자기이익과 공감

개인으로서 인간은 자기 자신을 돌보고자 하는 태생적인 성향을 보유하고 있다. 이것이 바로 이해타산(prudence)이다. 또한 스미스는 인간은 *사회적*인 존재로서 다른 사람에 대해 태생적으로 *공감*(sympathy)할 수 있는 능력을 부여받았다고 설
p. 74 명한다. (공감은 오늘날 다른 의미를 갖게 되었고 *감정이입*[empathy]이 좀 더 정확한 표현이라고 할 수 있다.) 우리가 슬프거나 기쁜 다른 사람을 볼 때 우리는 비록 그 강도는 약하지만 그들과 감정을 공유한다. 마찬가지로 다른 사람들도 우리에 대한 감정이입을 시도하고 우리와 함께 할 것이다. 그들의 감정이 우리보다 특별히 강할 때에는 감정이입에 의해 우리와 보조를 맞추도록 그들로 하여금 자신들의 감정을 억제하도록 촉구한다. 우리는 어린이 단계에서 어른으로 성장함에 따라 점진적으로 다른 사람에게 수용될 수 있는 것과 없는 것을 알게 된다. 이와같이 도덕성은 우리의 사회적인 본성에서 비롯된다.

정의와 이타심

정의와 마찬가지로 비록 우리가 기본적으로 자기이익 중심적이더라도 다른 사람에게 해를 끼치지 않고 함께 살아가는 방법을 배워야 한다. 이는 사회의 유지를 위한 필수적인 기본요소이다. 더 나아가 만약 사람들이 착한 일, 즉 이타심(beneficence)을 발휘한다면 이는 환영할 일이다. 그러나 우리가 정의(justice)를 요구하듯이 이러한 행동을 요구할 수는 없다.

미덕

이해타산·정의·이타심은 모두 중요하다. 그러나 더 이상적인 것은, 스미스가 *공평한 관찰자*(impartial spectator)라고 명명한 '현실적인 혹은 가상적인' 공평한 인간이 되기 위해서는 서로의 감정이나 행동과 완전히 공감할 수 있어야 한다는 것이다. 이러한 진정한 공평한 관찰자가 되기 위해서는 *자기 통제*(self-command)가 요구되고 그 가운데 진정한 미덕(virtue)이 존재한다.

미덕의 기초로서 천성적인 감정이입

스미스 당시의 철학자들은 행동의 옳고 그름을 판단하는 합
p. 75 리적인 기준을 찾고자 했다. 그러나 스미스는 우리의 도덕성은 계산할 수 있는 것이 아니라 오히려 사회적인 존재로서 우리 내부에 내재된 본성과 관련된 요소라고 생각했다.[1] 우리가 다른 사람에 대해 느끼고 있는 공감(혹은 감정이입)은 즉각적이고, 진실하고, 호의적이고 그리고 본성적인 것이다. 우리는 상상을 통해 다른 사람의 입장에 서 있는 우리 자신을 볼 수 있다. 만약 다른 사람이 공격을 당하려는 것을 보면 우리들도 움츠리고, 느슨해진 줄에 서 있는 곡예사를 보면 우리도 함께 불안해 할 것이다. 그리고 다른 사람들이 행복하거나 슬퍼하는 것을 보면 우리도 동일한 감정을 갖는다.

마찬가지로 우리가 수용할 수 있는 관점에서 행동하는 다른 사람을 볼 때에도 우리는 감정이입을 한다. 실제로 우리는 다른 사람과 감정이나 의견을 공유함으로써 진정한 즐거움을 느

---

1) *The Theory of Moral Sentiments*, part I, section I, ch. I, p. 9, para. 1.

낀다.[2] 다른 사람과 감정을 공유하지 않을 때나 그들의 행동을 인정하지 않을 때에는 서로가 괴로운 일이다.

그러나 스미스는 우리의 감정이입 대상은 다른 사람의 감정 그 자체가 아니라 감정을 촉발시키는 상황이라고 말한다. 실제로 우리가 화난 사람을 볼 때 화에 대해 공감을 하기보다는 오히려 우리가 그 화의 희생자가 될 수 있다는 두려움을 먼저 갖게 된다. 이러한 상황은 적어도 우리가 그 사건의 진실을 완전히 이해할 때까지 그리고 그 성냄이 어느 정도 정당한가에 대한 판단을 내리기 전까지 지속된다. 우리는 상대방의 상황을 이해하고 난 후에 비로소 감정이입을 한다. 만약 우리는 다른 사람들이 어떤 사건에 대해 우리가 생각했던 것보다 과잉반응을 하고 있다는 사실을 깨닫게 되면 우리는 그들과 감정이입을 하지 않는다.

불일치와 자제

스미스는 단순한 관찰자(mere inspector)로서는 다른 사람의 감정의 강도, 예를 들어 오해를 받은 사람의 격한 역정이나 최근에 가족을 잃은 사람들의 깊은 슬픔을 완전히 공유할 수 없다고 말한다. 우리가 공감하는 감정은 비록 순수하기는 하지만 기본적으로 당사자보다는 약하다. 다른 사람들도 우리에
p. 76 대한 관찰자로서 우리보다 약한 감정을 갖는다. 우리가 다른 사람들의 감정을 완전히 공감하지 못할 때 다른 사람들은 우리에 대해 불만을 느낀다. 다시 이는 다른 사람들로 하여금 우리가 그들의 곤경에 대해 느끼고 있는 감정의 강도와 그들 자신을 일치시키기 위해 그들의 원래 감정을 억제하도록 촉구한다.

---

2) Ibid., part I, section I, ch. II.

우리는 일생을 살아가면서 이러한 자제(self-restraint)에 대해 깨닫게 된다. 우리는 감정이입에 의해 천성적으로 다른 사람의 입장에서 사물을 관찰하고, 공평한 관찰자의 입장에서 지나친 격정이나 슬픔과 상이한 감정들은 다른 사람들을 곤란하게 만든다는 사실을 알고 있다. 그래서 우리는 다른 사람들과 일치시키기 위해 우리의 감정을 자제하려 한다. 실제로 스미스가 *공평한 관찰자*로 표현하는 고정 관념과 무관심의 소유자들이 우리와 함께 감정이입할 수 있는 수준까지 우리의 감정을 누그려 뜨린다.

마찬가지로 우리가 다른 사람에게 관심을 보일 때, 우리에게 내재된 공평한 관찰자도 이를 인정함에 따라 우리는 이로 인해 위안을 얻게 될 것이라는 것을 알고 있다. 공평한 관찰자는 현실적이거나 가상적일 수도 있으나 여전히 우리 행동을 인도한다. 우리는 경험을 통해 점진적으로 도덕성이라는 행위 규범을 구축해 나간다. 이는 사회가 발전하는 데 도움을 주고 그 뿌리에는 감정이입이 존재한다.

> 자신보다는 다른 사람에 대해 더 많은 배려를 하고, 자신의 이기심을 억제하는 대신에 이타적인 행동에 전념하는 것은 인간 본성의 완전한 모습을 구성한다. 그리고 사회 전체의 품위와 도덕을 구성하는 감정과 열정의 조화만이 인간 사회를 이롭게 할 수 있다.[3]

보상 · 처벌 그리고 사회

스미스는 배고픔 · 사랑 · 친절 · 분노[4] 등과 같은 다양한 감

3) Ibid., part I, section I, ch. V, p. 25, para. 5.
4) Ibid., part I, section II.

정들의 적절성 여부는 과연 이들 행태가 어떤 보상이나 처벌을 받을 것인가에 대한 판단으로 귀결된다고 생각한다.

p. 77 스미스는 이에 대한 판단을 위해 동기(motive)로부터 결과(result)를 배제할 필요가 있다고 말한다. 어떤 사람이 다른 사람의 유용한 행동으로부터 도움을 받았을지라도 그 행위자가 우리가 수용할 수 없는 동기에 의해 행동했다면 우리는 수혜자의 감사하는 마음과 감정이입을 할 수 없다. 반대로 어떤 사람이 다른 사람의 해로운 행동으로부터 피해를 입었을지라도 만약 그 행위자가 우리가 수용할 수 있는 동기에 의해 행동했다면 우리는 피해자의 분노에 감정이입을 할 수 없다.[5] 유용한 행동이 오직 긍정적인 동기에 의해 유발될 때만이 보상을 받고, 해로운 행동이 오직 부정적인 동기에 의해 유발될 때만이 처벌을 받는다고 우리는 믿는다.[6] (동기는 좋으나 결과가 나쁜 경우 혹은 동기는 나쁘나 결과가 좋은 경우에는 처벌이나 보상이 이루어지지 않는다.－역자 주)

처벌과 보상은 중요한 사회적인 기능을 수행한다. 우리는 사회에 유용한 행위는 승인하고 보상하며, 사회에 해로운 행위는 부인하고 처벌한다. “사회가 존속되기 위해서는 부당하고 정당한 이유가 없는 악의는 적당한 처벌에 의해 제한되어야 한다. 범법자를 처벌하는 것은 정당하고 바람직한 행위로 받아들여져야 한다.”[7]

이러한 과정은 본능적이다. 우리는 개별 행동들이 어떻게 사회를 이롭게 하고 해롭게 하는지를 정확히 모를 수도 있다.

---

5) Ibid., part II, section I. chs III and IV.
6) Ibid., part II, section I, ch. IV.
7) Ibid., part II, section I. ch. V, p. 77, para. 10.

그리고 인간의 이성은 인간 행동의 확실한 안내자가 아니다. 그러나 본성 혹은 신의 섭리(God)는 우리 인류와 사회의 존속을 가능하게 인간 행위에 대한 선악의 평가 기준을 제공해 오고 있다. 만약 우리가 평가 기준에 어긋나게 행동한다면 사회는 파멸하고 사회적 존재로서 인간은 곧 사라질 것이다.

이것이 바로 스미스가 '보이지 않는 손'에 대해 언급할 때,
더 나아가 비록 우리 행동이 의도하지는 않았지만 조화로운
사회 질서를 창출하는 과정을 설명할 때 그가 마음속에 간직
p. 78 했던 것이다. 스미스는 이를 시계의 바퀴들이 시간을 나타내
기 위해 함께 작동하는 것과 같다고 말한다. 이때 시계 바퀴들
은 시간의 표시라는 시계 제조자의 의도를 모른다. 마찬가지
로 우리의 본능적인 행동이 사회 발전을 추구할 때 이를 주제
넘게 이성의 힘이라고 말할 수도 있으나 이는 본성 혹은 신의
섭리이다.[8]

(스미스는 인간의 의도된 행동이 아닌 본능적인 행동에 의해 사회 질서가 형성되는 현상을 논할 때 *신의 섭리*(God), *본성*(Nature), *본성의 창조자*(the Author of Nature)를 동일하게 사용한다. 그러나 우리의 행동에 의해 부지중에 사회 질서가 형성되어 가는 과정을 설명할 때에는 신학적(theological)이 아닌 체계적(systematic)인 접근 방법을 사용한다. 신(deity)의 영역을 가정하지도 필요로 하지 않는다. 단지 본성 혹은 오늘날의 표현인 진화가 완벽한 사회 질서를 창출할 수 있다.)

이러한 주장은 다시 동기에 대한 문제를 제기한다.[9] 해악을

---

8) Ibid., part II, section II, ch. III.
9) Ibid., part II, section III, chs I and II.

의도했던 행동은 실제로는 그렇게 하지 못할 수도 있는 반면에 전혀 의도하지 않았는데도 불구하고 실제로 해악을 행하는 경우도 있다. 이때 동기와 결과 중에서 어느 것을 처벌해야 하는가의 문제가 제기된다. 스미스는 이에 대해 인간의 마음을 알 수 없을 뿐만 아니라 만약 나쁜 *동기*를 처벌한다면 혐의로부터 자유로운 사람은 아무도 없게 된다고 대답한다. 그러나 본성에 기초하는 경우 더 확실한 대답을 얻을 수 있다. 본성에 의한 경우 해악을 발생시키거나 의도한 *행동*에 대해서만 처벌할 수 있게 된다.

사회의 기초로서 정의

사회가 존속하기 위해서는 개별 구성원이 다른 사람들을 해치는 것을 방지하는 규칙(rule)이 반드시 존재해야 한다. 스미스가 언급한 바와 같이 강도와 살인자의 사회가 존재할 수 있
p. 79 다. 그러나 이는 각자가 서로를 죽이거나 강탈하는 것은 자제할 때만이 가능하다.[10] 이것이 우리가 정의(justice)라고 말하는 규칙들이다.

만약 사람들이 다른 사람을 도울 수 있음에도 그렇지 않은 경우나 선행으로 복귀하지 않는 경우에는 인색하다거나 배은망덕하다고 평가할 수 있다. 그러나 *선의*를 베풀도록 하기 위해 사람들을 처벌할 수는 없다. 다만 실질적이거나 의도된 *해악*에 대해서만 처벌한다. 정의의 규칙을 준수하도록 하기만 하면 된다. 그렇지 않으면 사회가 존속될 수 없기 때문이다.[11]

정의는 선을 극대화하기보다는 해악을 방지하는 데 목적을

---

10) Ibid., part II, section II, ch. III, p.86, para. 3.

11) Ibid., part II, section II, ch. I.

둔다. 예를 들어 사람들이 자신에게 좀 더 유용할 것이라는 이유만으로 다른 사람들의 물건을 훔치는 것을 용납하지 않는다.[12] 모든 사람은 다른 사람에 비해 자신의 이익을 더 중요하게 생각하는 경향이 있고 이를 방치한다면 끝없는 약탈이 일어나게 될 것이다. 이러한 상황에서 정의는 해악으로부터 사회를 보호하는 방법을 제공한다. 이와같이 정의가 매우 중요하기 때문에 본성(nature)은 정의를 유지하기 위한 가장 강력한 본능(instincts)을 우리에게 제공한다. 부정에 대한 비난은 매우 강해서 죄를 범한 사람들의 마음속에 깊은 수치심과 가책을 불러일으킨다.

자기비판과 양심

실제로 스미스는 우리의 본성은 처벌보다 훨씬 더 즉각적인 요소 즉 자기비판(self-criticism)을 제공한다고 말한다. 우리는 다른 사람의 행동뿐만 아니라 자신의 행동에 대해서도 공평한 관찰자이다. 우리 내부의 공평한 관찰자는 우리 자신을 행위자와 심판자로 구분한다.[13] 그리고 우리 내부의 심판자는 단순히 다른 사람들으로부터 칭찬을 요구하는 데 그치지 않고 그 칭찬이 정당하고, 진정으로 받을 만한 *가치*가 있는가를 평
p. 80 가한다. 이에 대해 긍정적인 평가가 가능할 때만 우리 내부의 심판자는 만족한다.[14]

스미스는 이러한 양심(conscience)의 발동은 강력한 사회적 기능을 수행한다고 주장한다. 양심은 자신의 운명에 대한 지

12) Ibid., part II, section II, ch. II.
13) Ibid., part III, ch. I.
14) Ibid., part III, ch. II.

나친 집착과 다른 사람의 운명에 대한 지나친 이완을 방지한다. 그는 예를 들어 만약 거대한 지진으로 인해 중국 전체가 파괴되었다면 유럽인들은 약간의 슬픔을 느낄 수 있지만 당사자들의 슬픔과 비교하면 아무것도 아닐 수 있다는 것이다.

> 만약 어떤 사람이 내일 작은 손가락을 잃게 된다면 오늘 밤 잠을 자지 못할 것이다. 반면에 만약 수천만 명의 사해형제(brethren)들의 희생이 있었음에도 불구하고 알지 못한다면 매우 안락하게 코를 골며 잘 것이다. 이러한 거대한 파괴는 자신의 하찮은 불행보다도 자신에게 더 관심이 적은 단순한 사건으로 간주된다.[15)]

그럼에도 불구하고 현실에서는 모든 개인이 동일하게 중요하다. 양심은 이러한 사실을 우리에게 상기시키는 본성의 힘이다. 우리는 자신의 작은 손가락을 구하기 위해 수천만 명의 생명을 희생시키겠는가? 물론 아니다. 우리의 양심이 이를 허락하지 않는다. 양심은 자신에 대한 집착을 자제하고 자신의 이익을 위해 다른 사람에게 해악을 가하는 것을 억제하도록 한다. 양심은 자신의 원초적인 욕구에 대한 자제력을 제공한다.[16)]

도덕적 규칙

이러한 과정은 규칙을 만들고 준수하고자 하는 자연적인 본
p. 81 능에 의해 지탱된다. 스미스에 의하면 우리 내부의 심판자는 우리가 거칠게 행동하는 사람을 볼 때 우리로 하여금 그와 동일하게 행동하지 않도록 결심하게 하고, 착하게 행동하는 사

---

15) Ibid., part III, ch. III, pp. 136-7, para. 4.
16) Ibid., part III, ch. II.

람을 볼 때에는 그들과 경쟁하게 한다고 말한다. 수없이 많은 행동에 대한 이러한 판단 과정을 통해 우리는 행위의 규칙들이 점진적으로 형성해 간다.[17] 이는 우리가 향후 발생할 새로운 상황을 생각해 낼 필요가 없이 이미 우리 자신의 행동에 대한 도덕적인 기준을 보유하고 있다는 것을 의미한다. 이러한 도덕적 기준들은 우리가 상황에 따라 어떻게 생각할지 모르겠지만 우리로 하여금 정의(justice) · 정직(honesty) · 신중(politeness)의 원칙에 충실하도록 하는 의무감을 불러일으킨다.

이러한 일관성은 사회 질서에 도움을 준다. 우리의 양심을 준수함으로써 비록 의도적이지는 않지만 분명히 인류의 행복을 증진시킬 수 있을 것이다.[18] 인간의 법도 처벌과 보상이라는 수단을 통해 동일한 결과를 지향할 수 있지만 양심과 '본성에 의해 발현되는 도덕성의 규칙'처럼 지속적이고 즉각적이며 효과적이지 못할 것이다.

스미스는 도덕적인 규칙은 시간과 장소에 따라 변한다는 것을 인정한다. 이는 다양한 문화가 아름다움에 대해 상이한 견해를 갖는 것과 마찬가지이다. 그리고 다양한 문화는 자체의 수용성의 정도에 따라 '행동의 미덕(beauty of conduct)'에 대한 차별화된 관심을 보유할 수 있다.[19] 이는 마치 다양한 결혼 풍습과 성행위의 규범 그리고 상이한 접대와 예절의 기준이 존재하는 것과 마찬가지이다. 그러나 스미스는 이러한 유행과 관습의 차별성은 기본적으로 한계적일 뿐이고 본질적인 차이가 없다고 주장한다. 만약 이러한 차별성에도 불구하고 본성

17) Ibid., part III, ch. IV, p. 159, paras 7-8.
18) Ibid., part III, ch. V.
19) Ibid., part V, ch. I, and ch II, p. 200, para. 1.

의 기본적인 원칙이 준수되지 않는다면 사회는 존속할 수 없기 때문이다.

부에 대한 태도

비록 항상 선한 것은 아니지만 우리의 도덕적 판단에 영향
p. 82 을 미치는 또 다른 요소가 재산이다. 부(富)에 대한 스미스의 오래된 생각은 그를 단지 물질적인 집착의 지지자로 간주하는 단순한 비판가들(Karl Marx의 추종자)에게는 틀림없이 충격으로 작용할 것이다.

그는 돈으로 살 수 있는 물질적인 편이성은 매우 사소한 것이라고 생각한다. 좋은 코트는 다른 코트들과 마찬가지로 방한복에 불과하고, 부자라고 해도 다른 사람들보다 더 많이 먹는 것은 아니다. 오히려 허술한 오두막집에 사는 노동자가 궁전의 군주보다 더 숙면을 취할 수 있다. 이와같이 부는 우리를 두려움, 슬픔, 죽음으로부터 본질적으로 구원할 수 없다.

그러나 우리는 돈으로 행복을 살 수 있고 부유하고 유명한 사람들은 틀림없이 행복할 것이라고 여전히 믿고 있다. 실제로 우리는 부자들의 행운에 대해 부러워하고 그들의 생활과 일상에 관심을 집중시킨다. 물론 대중의 관심 대상이 된다는 것은 매우 바람직하다. 부자들에게 부의 주요한 이점은 돈으로 살 수 있는 사소한 편이성이 아니라 돈이 발생시키는 선망의 대상이 되는 것이다.

그러나 이러한 현상은 대중의 관심이 부자들의 인격적인 장점보다는 부와 지위에 집중되기 때문에 무의미하다. 부자들로부터 아무것도 얻을 수 없는 사람들조차 부자들의 사악함과 어리석음을 간과하고 그들의 그동안의 노력을 간과한 채 단지

부러워하는 경향이 있다. 결과적으로 부와 지위를 보유한 사람들은 칭찬을 받을 만한 것이 전혀 없는 경우에도 그러한 그릇된 칭찬을 진정으로 받을 만하다고 생각할 수도 있다.

자아발전

그러나 부의 추구는 다른 편익을 제공한다.[20] 사람들은 부
p. 83 자들의 큰 집과 좋은 소파를 볼 때 이것들로 인한 생활의 안락함과 편리함을 부러워한다. 그들은 부자들의 부 자체보다는 부로 인한 안락과 편안을 원하면서도 모순되게 부를 얻기 위해 고단하고 힘든 노동에 자신의 전 생애를 다 바친다고 스미스는 말한다. 이러한 과정을 통해, 비록 착각에 불과한 것이지만, 부가 가져다 주는 안락과 편안으로 말미암아 물질 세계에서 최선을 다하고 그 결과 지적인 생활과 예술적인 영역에서도 거대한 발전을 이룬다.

> 인간의 근면성을 지속적으로 촉발시키고 유지하는 것은 이러한 모순에서 비롯된다. 인간들로 하여금 땅을 경작하고, 집을 짓고, 도시와 국가를 건설하고, 모든 과학과 기술을 개발하고 발전시켜 인류 생활을 격조 있고 아름답게 하는 원동력은 바로 이러한 모순에서 비롯된다. 이로 말미암아 지구의 모습이 완전히 바뀌었다. 자연 상태의 야생 숲이 아름답고 풍요로운 평야로, 황량한 불모의 대양이 새로운 물질의 보고로 개발되고, 지구상의 다른 나라와 광범위하게 소통할 수 있는 수단이 마련되었다.[21]

그러나 부자들은 가난한 사람들보다 더 많이 소비하지는 않

---

20) Ibid., part IV, ch. I.
21) Ibid., part IV, ch. I, pp. 183-4, para. 10.

는다. 부자들은 다만 귀중하고, 아름답고, 정선된 것들만 선택한다. 부자들은 자신들을 위해 일하는 사람들과 좋은 물건을 만드는 데 필요한 노동력을 보유한 사람들에게 고용을 제공함으로써 확보했던 재산을 전 공동체에 분배한다. 실제로 부자들은 "생활에 필요한 요소들의 공평한 분배를 가능하게 하는 '보이지 않는 손'에 의해 움직인다. 더 나아가 만약 지구가 인구별로 동일하게 분배될 수 있었다면 이것 또한 공평하게 분배되었을 것이다."[22]

미덕에 대해

p. 84 스미스는 도덕성의 성격과 기원을 밝힌 후에 진정한 미덕의 소유자의 성격을 정의하면서 『도덕적 감정론』을 끝맺고 있다. 그는 미덕의 소유자를 *이해타산*(prudence)·*정의*(justice)·*이타심*(beneficence)·*자기통제*(self-command)를 구현하는 사람으로 규정한다. 다만 자기통제는 항상 선행을 이끄는 힘은 아니다.

*이해타산*은 자신의 관심사에 중점을 두지만 지나친 개인주의는 절제시킨다. 이는 개인뿐만 아니라 사회에서도 중요하다. 이해타산은 특별히 장려할 만하지는 않지만 존중받는다.[23] *정의*는 다른 사람에 대한 해악을 억제하는 데 중점을 두는 것으로서 지속적인 사회생활을 위한 필요 요소이다. *이타심*은 다른 사람의 행복을 증진시키도록 유도함으로써 사회 생활 전체를 발전시킨다. 이타심은 다른 사람에 의해 요구되지 않지만 항상 감사하게 생각된다. *자기통제*는 자신의 열정을 절제하는

---

22) Ibid., part IV, ch. I, pp. 184-5, para. 10.
23) Ibid., part VI, section I, ch. I.

것이다. (두려움은 화를 억제시킬 수도 있다. 그러나 화는 안전하다고 느낄 때 언제든지 다시 발생한다. 그러나 *자기통제*를 통해 화를 다른 사람과 감정이입이 될 수 있도록 완화한다면 진정으로 감소할 것이다.[24])

우리는 자기 자신, 그 다음 가족, 마지막으로 친구와 더 먼 관계인들에 대해 많은 관심을 갖는 경향이 있다.[25] 다른 나라보다 자신의 나라를 더 배려하는 경향이 있다.[26] 스미스는 진정한 이타심에는 국경이 없다고 말한다. 개인보다는 인류가 중요하기 때문에 진정한 미덕을 갖춘 사람은 온 인류의 더 큰 이익을 위해 개인적인 희생을 감수할 수 있어야 한다.[27]

미덕이 넘치는 사회의 구성

p. 85 인간의 본성은 개인들에게 자기희생(self-sacrifice)을 촉구한다. 이러한 행위를 가능하게 하는 자기통제는 긍정적으로 평가된다. 그러나 사람들은 좋은 일뿐만 아니라 나쁜 일을 위해 자신을 희생할 수도 있다. 실제로 영웅의 자기통제는 광신자(zealot)의 확고한 결심으로 변할 수도 있다.

인류에 대한 애정은 국가에 대한 애정과 차이가 있다.[28] 인류에 대한 애정은 국가의 구성과 조직에 대한 존중과 숭배뿐만 아니라 사해형제 시민들의 행복에 대한 열망을 내포한다. 통상 양자는 일치하지만 정치적 혼란기에는 서로가 충돌한다.

정치적 혼란기에서는 정치가들이 거대한 개혁안을 제시하

24) Ibid., part VI. Conclusion, p. 263, para. 3.
25) Ibid., part VI. section I, ch. I.
26) Ibid., part VI. section I, ch. II.
27) Ibid., part VI. section III, ch. III, p. 235, para. 3.
28) Ibid., part VI. section II, ch. II, p. 229, para. 4.

는 경우가 있다. 스미스에 의하면 정치가들은 기존 제도의 이점에도 불구하고 이에 대한 전면적인 개혁안을 제안한다. 그들은 합리적인 대안을 제시하지만 인간의 본성과는 일치하지 않는다.

> 체계적인 사람들은 새로운 착상을 하는 데 기발하다. 그리고 정부의 이상적인 개혁안에 심취되어 어느 사소한 부문의 일탈도 염두에 두지 않는다. 그들은 거대한 사회의 다양한 요소를 마치 체스 판에서 체스를 움직이듯이 쉽게 조정할 수 있다고 생각하는 것처럼 보인다. 그러나 그들은 인간 사회라는 거대한 체스 판에는, 비록 입법부의 행태와는 상이할지라도, 모든 체스가 움직이는 데에는 자체의 원칙이 있다는 것을 망각한다.29)

p. 86 자유와 본성은 광신자나 공상가의 자기도취적인 이성보다 조화롭게 기능하는 사회의 창조를 위한 좀 더 확실한 지침이다.

---

29) Ibid., part VI. section II, ch. II, pp. 233-4, para. 17.

5. 스미스의 강의와 기타 저술들

p. 87 스미스는 자신이 세상을 떠날 때 출간되지 않은 원고들의 대부분을 소각하도록 부탁했다(저자들이 초안보다는 완성본에 의해 평가받고자 했던 그 당시로서는 매우 당연한 주문이었다). 그 결과 『국부론(*The Wealth of Nations*)』과 『도덕적 감정론(*The Theory of Moral Sentiments*)』을 제외하고 다른 저술들은 거의 남아 있지 않다. 그러나 남아 있는 것들은 스미스의 광범위한 연구 범위와 관심 분야를 보여 준다. 예를 들어 새뮤얼 존슨(Samuelson Johnson)이 저술한 『사전(*Dictionary*)』에 대한 평가, 유럽의 지적 트렌드와 언어의 기원에 관한 논문, 회화・드라마・음악・댄스를 포함한 예술 분야에 대한 연구, 영국과 이탈리아의 시에 대한 평가, 고대 물리학과 철학의 역사에 대한 평가, 그리고 70쪽짜리 『천문학의 역사(*The History of Astronomy*)』에 관한 논문 등이 이에 속한다.

다행히도 우리는 이 밖에 『수사학과 순수문학에 대한 강의(*Lectures on Rhetoric and Belle Letters*)』와 『법리학에 대한 강의(*Lectures on Juriprudence*)』에 관한 학생들의 노트를 확보하고 있다. 이것들은 비록 스미스의 저술이 아닌 강의에 불과하지만 글라스고에서의 그 지적 성숙을 가늠할 수 있는 중요한 단서를 제공한다. 이러한 많은 내용들은 『국부론』에 다시 등장한다.

통합된 주제

p. 88 스미스는 강의와 저술에서 다양한 주제를 다루었음에도 불구하고 접근 방법에서 중요한 점을 보여 주고 있다. 그는 경제학자·도학자·문법학자라기보다는 사회심리학자였다는 사실이다. 그는 인간의 마음이 세상이나 다른 사람과의 관계에서 상호 작용하는 방법을 규명하고, 더 나아가서는 이러한 상호 관계를 통해 더 큰 관계(사회)가 형성되는 과정을 이해하고자 한다. 그에게 과학은 현실 그 자체보다는 인간의 마음이 스스로 현실을 분석하고 정리하는 방법을 더 많이 다룬다. 이와 같은 관점에서 볼 때 언어·도덕성·경제 등은 모두가 마음의 교감을 통해 어느 정도 발생하는 유용한 사회적인 구조이다. 법과 정의도 인간이 평화롭게 공존하는 방법에 관한 것이다.

인간 상호 관계에 대한 그의 접근 방법은 오늘날 통상 말하는 *진화론적*(evolutionary)이다. 인간은 본성적으로 더 큰 사회적인 제도가 공동의 이익(general benefit)을 위해 작동하도록 하는 자연적인 성향을 부여받았다. 우리는 다른 사람들과 거래하고 정보를 교환하고 어울리는 사적인 시도가 경제·언어·정의와 같은 보편적이고 호혜적인 시스템을 구축해 가는 과정을 이해하지 못할 수도 있을 것이다. 그러나 이는 엄연한 사실이다. 실제로 이러한 것들이 작동하지 않거나 파괴적이라면 사회는 존속하지 못할 것이다. 스미스가 규명하고자 하는 것은 개인적인 행동이 전체 사회와 연결되는 방법과 과정이다.

과학철학에 대한 스미스의 견해

『천문학의 역사(*The History of Astronomy*)』는 그의 원제목인 『철학적 탐구를 위한 원칙: 천문학의 역사를 사례로(*The Principles Which Lead and Direct Philosophical Enquiries; Illustrated by the History of Astronomy*)』가 나타내는 바와 같이 별의 관찰에 대한 이야기 이상의 더 심오한 목적을 갖고 있다. 이 저서는 인간의 마음에 관한 내용과 세상을 분석·분류·이해하는 내용을 포함하고 있다. 먼저 과학적 이론화의 동기를 언급한 후에 이론의 제안·검증·대체 방법을 다룬 다음에 아이작 뉴턴(Isaac Newton)의 연구를 사례로 들어 '좋은' 이론을 만들기 위한 요인을 탐색한다. 과학은 '현
p. 89 실'을 설명하는 데 그치지 않고 세계에 대한 모델화의 시도로서 인간의 심리와 해석에 관한 것이라고 규정한 것은 매우 현대적이다.

미지에 대한 고민

스미스는 우리가 친근한 것을 아무런 생각 없이 당연한 것으로 간주한다고 지적한다. 그러나 새로운 것이 나타날 때는 그것은 하나의 *놀라움*(suprise)으로 받아들여진다는 것이다.[1] 우리는 새로운 것들이 어떻게 친근한 현실에 부합되는가에 대한 *궁금증*(wonder)을 갖게 한다.[2] 우리는 현실과 부합되지 않는다고 생각할 때에는 불편하게 느낀다. 그러나 추리력과 상상력, 추상화와 분류 능력을 통해 새로운 현상을 현실과 접속시킬 수 있다.

---

1) *The History of Astronomy*, section I.
2) Ibid., section II.

예를 들어 우리는 쇳조각이 자석에 붙는 것을 보고 놀란다. 그러나 우리는 그 원석 주위를 도는 어떤 힘이 존재한다고 상상하게 되고 이를 통해 그 움직임을 설명하게 된다. 이는 비록 하나의 조야한 이론에 불과하지만, 스미스는 이를 통해 이론의 제안·검증·발전의 과정을 보여 주고자 한다.

추측과 반박

스미스는 실례로서 천문학의 역사를 이용해 이러한 과정을 설명한다.[3] 고대 천문학자들에게 태양·달·별의 움직임은 새롭게 설명을 필요하는 '경이로운 일'이었다. 하늘은 돔 모양의 지붕으로 이루어져 있고 천체들은 여기에 붙어 매일 동쪽에서 서쪽으로 움직인다는 주장이 있었다. 그러나 불행하게도 이러한 주장은 행성들의 변칙적인 움직임을 설명하지 못했다. 그래서 좀 더 발전된 이론이 제기되었다. 여러 개의 천구가 존재
p. 90 하는데 하나는 규칙적으로 동에서 서로 운행하고 (행성을 보유한) 다른 것들은 좀 더 불규칙적으로 움직인다는 것이었다. 그러나 불규칙한 움직임들은 몇 가지 추가적인 설명을 필요로 했다. 그래서 점점 더 많은 천구가 제시되었다. 다양한 천구 안에서 상이한 방향으로 도는 하나의 천구라는 식으로 총 72개의 천구가 제시되었다. 여기서 어려운 문제는 "이러한 천체 시스템은 그들의 모양만큼이나 복합하고 난해해서 일관성 있고 유기적으로 재조정되어야 했다"는 것이다.[4]

그 후 천문학자들은 행성의 움직임에 관한 좀 더 간단한 설명을 추구했다. 코페르니쿠스(Copernicus)는 지구가 아닌 태

---

3) Ibid., section IV.

4) Ibid., section IV, p. 59.

양이 천체의 중심이라는 지동설(地動說)을 제기했다. 이러한 주장은 지구도 돈다고 생각했기 때문에 행성들의 불규칙한 움직임을 좀 더 쉽게 설명할 수 있었다. 비록 지구가 우주의 중심이 아니라는 생각에 많은 사람이 충격을 받았음에도 불구하고 천문학자들은, 적어도 좀 더 정확한 관찰에 의해 지동설의 여러 단점이 제기되기까지는, 이러한 주장이 유용하다고 생각했다.

그러나 뉴턴은 그 다음에 행성들이 관찰되는 방향으로 정확하게 도는 과정(how)이 아닌 이유(why)에 대해 간단하면서 보편적인 방법으로 설명했다. 이는 중력(重力, gravity)의 효과 때문이라는 것이었다. 이 밖에도 간단한 물리학적 규칙들은 행성들이 타원형 궤도를 보유하고 있다는 사실과 코페르니쿠스의 모형에서는 설명될 수 없었던 혜성과 같은 특이한 현상들의 존재에 대한 설명을 제공했다. 이러한 주장은 간단하면서 설득력이 있고 관찰된 사실과도 부합되었다.

과학과 인간의 이해

당시 스미스에게 과학적인 방법은 우주를 인간의 마음에 쉽게 와닿을 수 있는 방법으로 설명하는 과정이었다. 복잡성을
p. 91 감소시켜 우리가 쉽게 이해할 수 있는 간단한 원칙으로 전환하는 것이었다. 우주에 관한 모형이 제시·검증·보완·수정되는 과정과 모형이 지나치게 혼란스럽고 관찰된 사실과 상이할 때에는 좀 더 설득력 있는 설명으로 대체하는 과정은 매우 현대적인 관점이었다.

우리는 다양한 관찰에 따른 복잡성을 감소시켜 몇 가지의 통상적인 원칙으로 전환시키는 이론(theory)의 묘미를 볼 수

있다. 이는 과학이 우리 자신의 정신적인 조직화의 과정이기 때문이다. 스미스에게 자신이 '모든 철학적인 시스템'이라고 말한 모든 과학적 모델들은 단지 상상력의 발현이다.[5]

의사 전달의 심리학

『수사학과 순수문학에 대한 강의(*Lectures on Rhetoric and Belle Letters*)』에서도 스미스가 주장하는 주제의 핵심은 인간의 심리와 그로부터 의사 전달이라는 핵심적인 사회 제도로의 발전이다. 예를 들어 스미스는 여러분이 만약 공감하는 청중과 함께 한다면 그들에게 모든 메시지를 전달하고 하나씩 설명하라고 여러분에게 충고할 것이다. 반대로 만약 비우호적인 청중과 직면한다면 논란의 여지가 있는 결론으로 한 번에 공격하는 대신 단계적으로 접근할 것을 제안할 것이다.

스미스는 단지 학생들의 강의 노트 형식으로만 존재하는 『수사학과 순수문학에 대한 강의』와 『언어의 최초 형성에 관한 고찰(*Considerations Concerning the First Formation of Language*)』에서 언어를 발생론적 관점에서 이해하고자 한다. 그러나 기록이 없기 때문에 스미스의 언어의 역사에 대한 논의는 추측할 수밖에 없고, 사례 또한 소수의 고대와 현대의 유럽 언어에 국한된다. 그러나 그의 언어에 대한 관점은 진화론적이다. 언어는 사회 발전의 도구이며 사회가 발전함에 따라 성장한다고 믿고 있다.

의사 전달과 인간의 본성

p. 92 스미스는 언어는 인간 마음의 산물로서 우리 자신의 본성에

5) Ibid., section IV, 76, p. 105 (section II, 12, p. 46 참조).

관한 내용을 포함한다고 주장한다. 예를 들어 『천문학의 역사』에서 이미 언급한 바와 있는 유형화(categorisation)의 능력을 살펴보자. 그는 초기의 인간은 모든 사물에 대한 다양한 이름을 보유했을 것이라고 주장한다. 그 결과 매우 번거로웠을 것이다. 다행히 인간의 마음이 추상화(abstraction)의 능력을 갖고 있었기 때문에 벗어날 수 있다. 우리는 다양한 사물들에서 공통적인 특징을 발견할 수 있다. 그 결과 '*나무들*'과 같이 그것들의 전체적인 부류에 관한 공통적인 단어를 사용한다. 그리고 '색깔'이나 '관계' 등에 의해 '*녹색 나무*' 혹은 '*동굴 위의 나무*'처럼 각각의 특징들을 규정할 수도 있다.[6] 과학적인 방법에 필수적인 이러한 기술(technique)들은 일상생활에 대한 이해만큼이나 중요하다.

주제에 대해 수사적(修辭的, forensic)인 기법을 적용한다는 방침은 『국부론』에서부터 『수사학과 순수문학에 대한 강의』에 이르기까지 모든 연구에서 일관성을 유지하고 있다. 전자는 생산과 교환 그리고 구성 요소별 분배를 유도하는 인간의 동기를 규명하고자 한다. 후자는 의사 전달의 이면에 있는 심리 상태를 규명하고 의사 전달의 구조와 스타일을 분석한다.

의사 전달의 과학

스미스는 의사 전달의 스타일에 많은 관심을 갖는다. 그는 좋은 스타일이란 간결하면서(concise), 적절하고(proper), 정확한(precise) 표현이라고 주장한다.[7] 연사와 저자의 열정이

---

6) *Lectures on Rhetoric and Belles Letters*, Lecture 3, v.19-v.24, pp. 10-11; *Considerations Concerning the First Formation of Languages*, 12, p. 209.

7) *Lectures on Rhetoric and Belles Letters*, Lecture 5, v. 53, p. 23.

전달되어야 한다. 그러기 위해서는 주장이 분명하고(neat), 명확하고(clear), 평이해야(plain) 한다. 짧은 문장은 이해를 증진
p. 93 한다.[8] 그리고 언어는 반드시 듣는 사람으로부터 (『도덕적 감정론』의 기본 개념인) 감정이입과 수용성(acceptance)을 불러일으켜야 한다.

스미스는 의사 전달은 심리의 문제이기 때문에 상이한 주장에는 다른 기술이 필요하다고 주장한다. 그는 여러 가지 의사 전달에 대해 언급하고 있다. 객관적인 설명을 요하는 *서술적*(narrative)인 담론에서부터 원인과 결과를 설명할 필요가 있는 *교훈적*(didactic)인 주장, 그리고 감정의 일치가 필요한 다양한 종류의 *웅변적*(oratorical)인 발표에 대해 다루고 있다. 이와 관련해 고전적인 작가와 역사가들의 많은 사례를 들어 설명한다.

그러나 중요한 점은 다른 사람과 의사 전달하기 위해서는 먼저 그들을 이해해야 한다는 것이다. 인간은 본성적으로 그러한 감정이입에 능하다. 이러한 과정을 통해 언어는 최초의 조야한 의사 전달에서 복잡하고 매우 호혜적인 사회 제도로 발전할 수 있었다.

정부와 공공정책에 대한 스미스의 견해

스미스의 『법리학에 대한 강의(*Lectures on Jurisprudence*)』는 학생의 강의 노트 형태로 재생되었다.[9] 그 *법리학*은 '법과 정부의 일반 원칙에 관한 이론'[10] 혹은 '시민정부가 준수해야

---

8) Ibid., Lecture 6.

9) *The Glasgow Edition*은 두 권으로 이루어져 있다. 한 권은 1762-3년 학기의 것이고, 다른 하나는 1766년까지 거슬러 올라간다.

할 규칙'[11]을 의미한다. 스미스의 강의는 사회심리학의 실천으로 간주될 수 있는 것으로서 인간의 상호 작용이 법과 정부 제도를 형성하는 과정을 탐색하고자 한다.

p. 94 첫 부분은 *정의*(justice)에 관한 내용이지만 정부 제도의 성격과 발전과 함께 헌법·국내법·노예 제도·재산권·법원·형사재판을 포함하는 광범위한 주제를 다룬다. *정책*(police 혹은 policy)을 다루는 다른 주요한 분야는 10년 이상이 지난 후에 출간되는 『국부론』의 내용을 구성하게 될 물가·화폐·무역·분업 등에 대한 스미스의 많은 생각을 포함하고 있다.

정의·정부 그리고 법률

또다시 스미스는 진화론적인 견해를 피력한다. 수렵·채집 시대에서 유목민 시대, 정착 농업 시대, 상업 시대로 변화됨에 따라 이러한 경제적인 조정을 뒷받침하기 위한 다양한 정부 및 사법 제도가 요구되었다. (1세기 후에 마르크스[Karl Marx]는 생산 관계가 사회 관계를 결정한다고 동의했을 것이다.[12])

스미스가 『국부론』에서 많은 관심을 할애했던 바와 같이 정부는 유목 시대와 농업 시대부터 중요한 의미를 갖게 된 재산을 보호하기 위해 형성되었다. 그는 이러한 정부 구성은 권위를 존중하고자 하는 인간의 본성에 의해 그 효용성이 명시적으로 강화되었다고 말한다. 그러나 민주주의를 발생시킨 것은 시장 경제였다. 예전에는 모든 권력이 지역의 토호들로부터 나왔기 때문에 생산자들은 이들에게 관심을 가져야 했다. 그

10) *Lectures on Jurisprudence*, 1766년 보고서, p. 398.
11) Ibid., 1762년 보고서, 1762년 12월 24일 강의.
12) Karl Marx, *The Poverty of Philosophy*, ch. 2, Second Observation.

러나 교환 경제 시대에는 생산자들은 자신들의 고객이었던 수많은 평민에게 더 많은 관심을 가져야 했다. 그 결과 대의정치의 씨가 뿌려졌다.

노동과 교환

p. 95 다른 문헌에 의하면 스미스는 1760년대 중반에 이미 『국부론』을 구상했다. 그는 한 국가의 부를 증진시키는 것은 분업이라고 말한다. 여기에 핀 공장과 유사한 사례가 또 하나 있다.[13] 모직 코트를 생산하기 위해서는 수천 명의 협력이 필요하고 그 과정에서 사회적으로 고용을 확대시킨다. 그리고 그는 이와 관련해 또 다른 예를 제시한다. 여러분이 주조업자와 도축업자에게 맥주와 쇠고기를 구입할 때 여러분은 그들에게 필요한 양을 설명하지 않는다. 대신에 여러분은 그들에게 어떤 가격에 판매할 것인가에 대해 물어본다. 여러분은 그들의 인간성보다는 그들의 자기이익에 대해 관심을 표명한다.[14](아마도 스미스의 수강생은 그의 원래 말의 시적인 표현을 감지하지 못했을 것이다.)

또한 우리는 스미스가 부는 화폐이고 화폐가 빠져 나가는 것을 방지하기 위해 수입을 제한해야 한다는 중상주의 견해를 비판한다는 것을 알고 있다. 그는 어떤 부자는 방탕한 생활로 말미암아 자본을 낭비하고 그 결과, 화폐가 유통 과정 중에 분실되지 않을지라도, 산출과 번영을 방해할 수 있다는 점을 지적한다. 이와같이 부와 화폐는 분명히 동일하지 않다.

---

13) *Lectures on Jurisprudence*, 1762-3년의 보고서, 1763년 3월 29일 강의, pp. 341-2.

14) Ibid., 1762-3년의 보고서, 1763년 3월 29일 강의, p. 348.

스미스의 강의들은 『국부론』의 사전 작업일 뿐만 아니라 『도덕적 감정론』에 포함된 경제학적인 견해들을 발전시키는 기회가 되었다. 그는 물질적인 진보의 요인은 필요(needs)가 아니라 욕망(wants)이라고 주장한다. “개인들의 욕망은 아무리 많은 종류의 재화로도 충족시킬 수 없을 정도로 다양하다.”[15] 그 결과 경제적 진보는 일단 우리의 의식주가 해결되었을지라도 멈추지 않는다. 진보를 향한 우리의 시도는 끝이 없다. 그
p. 96 결과 생산·산업·과학 그리고 이들로부터 파생되는 예술의 진보 또한 끝나지 않는다.

무능한 정부

만약 생산·교환·자본 축적이 물질적 진보를 위한 길이라면 무엇이 이를 방해하는가? 스미스가 자주 언급하다시피 그것은 무능한 정부이다. 자본 축적은 시간을 필요로 한다. 만약 국민이 정부가 도적으로부터 자신들을 지켜 줄 수 없고, 거래를 위한 자유를 제공하지 않는다고 믿는다면 그들은 근면과 절약을 위한 동기를 상실하게 된다.

『법리학에 대한 강의』는 원래 출간을 목표로 하지 않았기 때문에 정부의 무능과 간섭에 대한 비판은 『국부론』에서 좀 더 강하게 제기한다. 그러나 그는 『국부론』에서 계약과 토지 소유에 관한 법, 시대에 뒤떨어진 장자상속법, 생산자를 위한 정부보조금, 독점과 특혜, 그리고 국민들의 전직을 방해하는 장기 도제 제도, 속박과 다양한 규제 등의 단점을 포함한 더 많은 사례에 대해 비판한다.

15) Ibid., 1766년 보고서, p. 487.

버거운 조세는 또 다른 걸림돌이다. 그는 강의에서 이미 조세의 효율성에 대해 생각했었다. 그는 징세의 용이성의 관점에서 재화보다는 토지에 대한 조세를 선호한다. 그리고 그는 정부와 강력한 지주에 의한 과도한 중앙집권적인 계획이 존재한다고 생각한다. 반면에 국민들은 위로부터의 지시보다는 시장과 거래의 자유를 필요로 한다고 믿는다.

그러한 개입은 필연적으로 공공의 후생을 축소시킨다. 국민들은 당사자들이 서로 이익을 볼 수 있다고 믿기 때문에 자발적인 교환에 참여하게 되고 이것이 부의 원천이 된다. 두 사람이 상호간에 거래를 시작하면 이는 틀림없이 서로에게 이득이
p. 97 된다. 그리고 그는 중상주의자들에게 "이러한 현상은 두 국가들 간에도 정확하게 적용된다"[16]고 주장한다.

자유와 진보

그의 정책적 처방은 또한 다음과 같이 분명하다.

> 이상에서 언급한 내용을 바탕으로 다음과 같은 정책적 처방을 제시한다. 영국은 반드시 자유 무역항이 되어야 하고, 외국 무역에 대한 모든 제약이 해소되어야 하고, 만약 다른 방법에 의해 정부 지출을 지변할 수 있다면 모든 부담금·관세·소비세는 폐지되어야 하고, 그리고 자유로운 상업과 교환의 자유는 모든 국가와 모든 물건에 허용되어야 한다.[17]

그리고 이와 동일한 논리에 의해 '교환의 자유'는 모든 국가 *내부*의 모든 제품에 대해서도 보장되어야 한다.

스미스 당시의 몇몇 학자는 발전은 불가피한 것으로 간주했

16) Ibid., 1766년 리포트, p. 511. 그는 1762-3의 보고서에서도 동일한 주장을 한다. 1763년 4월 13일 강의, p. 390.
17) Ibid., 1766년 보고서, p. 514.

다. 결국 그들의 세계는 분명히 발전하고 있었으나 스미스는 그렇게 낙관적이지 않았다. 발전을 위해서는 법체계·안정·자유·정의가 필요하다는 것이다. 이러한 요소들이 보장되지 않는다면 국민들은 근면하고자 하는 동기를 상실한다. 따라서 정부는 반드시 이러한 요소들을 보장할 수 있는 역할을 수행해야 한다. 이와 함께 정부는 부를 창출하는 과정에서 발을 빼야 하고 특혜로 말미암아 정부 정책이 왜곡되지 않도록 해야 한다. 이와같이 경제적인 자유가 확보된다면 자신의 여건을 개선하고자 하는 국민들의 천부적인 욕구는 발전을 위한 가장 강력한 추진체로 작용한다.

결론

p. 98 스미스의 잘 알려지지 않은 저술들은 심오한 학문적인 표현으로 말미암아 현대의 독자들에게는 어렵게 느껴질 수도 있다. 다양한 역사적인 우주론적 모델에 대해 박식하고 심도 있게 서술하고 고전학자들이 사용했던 언어를 보여 주기 위해 다양한 언급을 인용하기도 한다. 다른 한편에서는 많은 원근 나라의 다양한 법제도들을 비교하기도 한다.

스미스는 그동안의 연구를 통해 자신이 다양한 학문 분야에서의 높은 학문적인 수준을 이룩했다는 사실과 동시에 인간 본성에 대한 연구자라는 것을 보여 준다. 그는 법·정부·언어 심지어 과학까지도 '주어진 것'이 아니라고 생각한다. 모든 것이 인간의 마음에 의해 창조된다는 것이다. 이것들은 비록 복잡한 시스템으로 이루어졌지만 그렇다고 해서 인간들이 의식적으로 설계한 것은 아니라는 것이다. '보이지 않는 손'에 천착한 한 학자를 매료시킨 것은 우리의 개별 행동들이 상호 작용을 통해 사회 제도를 작동시키는 힘을 만들어 내는 과정과 방법이다.

6. '보이지 않는 손'에 대한 여담

p. 99 애덤 스미스는 '보이지 않는 손'의 아이디어로 유명하다. 대부분의 사람은 이를 자기이익 추구적인 행동이 전체적인 사회적 편익을 증진시키는 과정으로 이해한다. 예를 들어 우리의 진지한 거래가 자원을 효율적으로 배분하는 시장 시스템을 구축한다는 것이다.

사실 스미스는 『천문학의 역사』에서 '주피터(Jupiter)의 보이지 않는 손'에 대한 언급을 제외하고는, 전체 작품 속에서 '보이지 않는 손'이라는 용어를, 그것도 통상적으로 받아들이는 의미가 아닌 것으로, 정확히 두 번만 사용한다.

부자의 가난한 사람을 위한 일자리 창출

스미스는 『도덕적 감정론』에서 '신의 섭리(Providence)'를 경제적 보상과 같은 의미로 사용할 것을 제안한다. 부자가 가난한 사람들보다 더 많이 먹을 수 있는 것은 아니다. 그들의 토지에서 생산된 대부분의 식품은 단지 자신들이 필요로 하는 사치품이나 '일상용품'을 공급하는 사람들과 교환하기 위한 용도로 사용된다. 부자들은 그들 자신만을 생각함에도 불구하고 많은 사람에게 일자리를 제공한다.

> 부자들은 단지 가장 귀중하고 그럴싸한 것들을 선택한다. 그들
> 은 비록 자신들의 천성적인 이기심과 탐욕에도 불구하고 빈자
> 들보다 더 많이 소비하는 것은 아니다. 그리고 그들은 오로지
> 자신들의 편이성만을 추구하고, 그들이 고용한 수천 명의 노동
> p. 100 자들로부터 기대하는 유일한 목적이 자신의 헛되고 탐욕스러운
> 욕구를 충족시키는 것일지라도, 자신들의 성취의 결과물을 빈
> 자들과 나눠 갖는다. 그들은 동일하게 생활용품을 분배하도록
> '보이지 않는 손'에 의해 조정된다. 만약 지구를 거주자별로 동
> 일하게 나눌 수 있었다면 이것도 그렇게 했을 것이다. 그리고
> 그들은 의도하지도 인식하지도 않았지만 사회의 편익은 증대시
> 키고 이를 배가할 수 있는 수단을 확보할 수 있다.[1]

국내 산업과 외국 산업

『국부론』에서의 '보이지 않는 손'에 대한 유일한 언급은 외국의 산업보다는 국내 산업의 증진을 목적으로 하는 공식적인 독점에 관한 단락에서 찾아볼 수 있다. 스미스는 이러한 독점은 국민들로 하여금 국내 산업에 더 많은 자본을 투자하도록 독려하기 위한 것으로서 다음과 같은 결과를 초래한다고 설명한다.

> 모든 개인이 국내 산업을 지원할 목적으로 자기 자본을 활용하기 위해, 그리고 가장 거대한 가치를 보유한 생산물을 생산하는 산업을 육성하기 위해 최선의 노력을 경주함에 따라 모든 사람이 가능한 많은 연간 국가 수입을 증진하기 위해 노력하게 된다. 사실 그들은 공익을 증진하려고 의도하지 않을 뿐만 아니라 어느 정도 증진시키는지도 모른다. 그들은 단지 외국 산업보다 국내 산업을 더 지원하려고 함으로써 자신의 안전을 도

---

1) *The Theory of Moral Sentiments*, part IV, ch. I, pp. 184-5, para. 10.

모하고, 가장 가치 있는 생산물을 생산하도록 산업을 유도함으로써 자신의 수입을 증대하고자 한다. 다른 경우에서처럼 이러한 방법을 통해 그들은 '보이지 않는 손'에 의해 자신의 의도와 별개인 또 다른 목표를 증진하는 데 기여한다.[2]

p. 101 비판가들은 다음의 두 문장으로 애덤 스미스의 '보이지 않는 손'의 진정한 개념은 통상적인 의미와는 거리가 멀다는 점을 제시한다. 먼저, "경제 주체들이 자기이익을 추구함에 따라 국부의 성장이라는 바람직한 결과가 발생하는 것은 단지 신의 섭리에 의해 비롯되었다"는 것과 "'보이지 않는 손'의 개념은 수출 무역에 대한 논의에서는 단지 부차적인 것에 불과하다"는 것이다.

인간 행동의 의도되지 않은 결과

사실 비판가들은 '보이지 않는 손'에 대해 너무 편협하게 받아들인다. '보이지 않는 손'의 개념은 일반적으로 이해되고 있는 바와 같이 스미스의 연구에 널리 퍼져 있다. 그리고 다음과 같은 특별한 언급이 존재하지 않았을지라도 널리 통용된다고 보아야 할 것이다. '보이지 않는 손'의 개념은 스미스의 아이디어를 매우 편리하면서도 간단하게 표현할 수 있다는 점이다. 스미스의 주된 아이디어는 인간의 행동은 의도하지 않은 결과를 발생시키고, 그리고 정의의 원칙과 같은 기본적인 규칙이 준수된다면, 개인들의 자기 중심적인 행동들은 의도하지 않은 상황에서도 조화롭고 호혜적인 전체 사회 질서를 도출할 수 있다는 것이다.

---

2) *The Wealth of Nations*, Book IV, ch. II, p. 456, para.9.

내가 모직 코트(스미스의 사례)를 구입할 때[3] 나는 나의 이익을 고려한다. 나는 가게 주인의 복지에 대해 관심을 갖지 않을 뿐만 아니라 방직공, 목동, 양털 깍는 사람, 보풀을 세우는 사람, 염색하는 사람, 실을 뽑는 사람, 기구는 만드는 사람, 운송업자 등 앞으로 내가 만나지 못할 사람들에게는 더욱 더 관심이 없다. 그리고 이들 중의 어느 누구도 나를 즐겁게 하기 위해 코트 만드는 일에 종사하지 않는다. 아마도 그들은 자신의 가족을 부양하기 위해 돈을 버는 데 더 많은 생각을 할 것이다.

그러나 내가 소비한 액수의 일정한 작은 부분들이 자연스럽게 그들에게 돌아가기 때문에 나의 구매로 말미암아 그들이 혜택을 보게 된다. 마찬가지로 그들이 코트의 제조에 각자의 노동을 투입함으로써 내가 직접 만드는 것보다 더 질 좋고 값싼 의류가 나에게 제공된다.

p. 102 여러 나라의 수천 명의 노동자가 별도의 조정 기구 없이도 오직 자신들의 자기이익에 의해 자동적으로 조정된다는 것은 기적처럼 보일 수 있다. 그러나 스미스는 이를 매우 간단하게 설명한다. 자발적인 교환은 양 당사자들이 거래에 의해 혜택을 볼 것으로 기대할 때 발생한다. 각자는 자신들이 원하지 않은 것을 대가로 지불하고 원하는 것을 얻는다. 예를 들어 노동을 대가로 화폐 또는 화폐를 대가로 재화를 각각 얻는다. 수백만 명의 사람이 이와 같은 방법으로 서로 거래할 때 이러한 혜택은 공동체 전체로 널리 그리고 신속하게 확산된다.

한편 가격은 사람들이 교환의 대상이 되는 특정한 재화나

---

3) Ibid., Book I, ch., p. 22, para. 11.

서비스를 얻기 위해 기꺼이 희생하고자 하는 액수를 의미한다. 가격은 우리가 최대의 수익을 얻기 위해 노동과 자본을 투하해야 할 곳은 알려 준다. 그 결과 우리는 자동적으로 그리고 의도하지 않은 상태에서 공동체의 가장 중요한 욕구와 필요를 충족시킨다.

자기 영속적인 시스템

스미스는 (자발적인 교환을 통한 개인과 사회의 욕구 충족이라는—역자 부연 설명) 사회 시스템에 대한 진화론적인 특성을 암시하고 있는 것처럼 보인다. 그는 교환 경제 시스템이 현실에서 제대로 작동하기 때문에 이 시스템이 존속된다고 말한다. 그는 『도덕적 감정론』에서 이를 완전한 혹은 절반가량의 신의 섭리(divine or semi-divine providence) 덕분으로 돌리고 있다. 당시 학문적 활동이 성직자들에 의해 지배되고 있었기 때문에 달리 언급할 여지가 없었을 것이다. 그리고 다윈(Charles Darwin)이 등장하기 1세기 전이라 이렇게 설명할 수밖에 없었다. 그러나 그는 이를 신성(deity)과 본성(nature) 중에서 어느 것에 의존시킬 것인가에 대해 흔들리고 있었다. 그 후 성직자들로부터 독립해 독자적인 봉급으로 생활하게 된 때에는 본성을 강조하게 되고, (본성에 의해 작동되는 교환 경제라는—역자 부연 설명) 자기 영속적인(self-perpetuating) 시스템은 그 마음속에 더 강하게 자리 잡게 되었다.[4]

p. 103 교환과 관련된 경제 활동을 할 때 각자가 원한다고 해서 할

4) 내가 이러한 언급을 할 수 있게 된 점에 대해 가빈 케네디(Gavin Kennedy) 교수에게 감사드린다.

수 있는 것도 아니고 '보이지 않는 손'이 혜택을 주는 것도 아니다. 스미스는 인간은 자기중심적(self-centered)이고, 질투심이 많고, 허영심이 강하고, 성을 잘 내는 존재라는 것을 잘 알고 있다. 이러한 인간의 본성들이 과도한 경우 파괴적이지만 적절한 수준에서는 절대적으로 유용하다. 자기이익을 위해 거래를 진행시키지만 의도하지 않게 다른 사람에게 혜택을 주게 된다. 부자에 대한 질투로 말미암아 노력을 하게 되고 그 결과로서 생산과 과학 심지어 예술 부문에서도 발전을 이룬다. 다른 사람들의 존경을 담내는 허영심에 의해 자선 활동을 하게 된다. 그리고 다른 사람들의 노여움이 고통을 주기 때문에 그들의 성질을 건드리지 않으려고 한다.

약간 어색하지만 스미스의 도덕 시스템은 그 경제 시스템과 마찬가지로 자기중심적이다. 우리는 자신의 공명심의 부산물로서 다른 사람을 이롭게 한다. 그리고 다른 사람들의 경멸에 따른 고통을 피하기 위해 그들에게 해를 끼치려고 하지 않는다.

개인적인 행동과 사회적인 결과

이러한 사회 시스템이 원만하고 자동적으로 작동하기 위해서는 몇 가지 규칙이 준수되어야 한다. 다른 사람을 해치지 않게 하는 정의의 규칙, 원초적인 욕망을 억제시키는 도덕적 규칙, 그리고 경제 영역에서 재산과 계약에 관한 규칙 등이 이에 속한다. 개인들의 행태에 대한 이러한 규칙들은 호혜적인 사회 질서의 형성에 기여한다. 정확한 방법은 알 수 없지만 어떤 경우든지 자연적인 본능(natural instinct)이 제한된 이성이나 인식보다는 더 확실한 지침이 된다.

최근에 노벨 경제학상 수상자인 하이에크(Friedrich A. von Hayek)는 중앙집권적인 통제의 없이도 조화로운 사회 질서가
p. 104 발생할 수 있었다는, 스미스와 그 이전에 존재했던, 아이디어를 추적했다.[5] 하이에크는 진화론과 심리학에 대한 현대적인 이해를 바탕으로, 사회 집단이 개인 행태에 관한 특정한 규칙성을 준수함으로써 번창하고 부지중에 자연스럽게 작동하는 사회 질서를 형성하는 과정과 방법을 규명했다.[6] 예를 들어 언어 분야에서 우리는 문법에 대한 몇 가지 규칙을 준수함으로써 의도하지 않은 가운데에서도 매우 효과적인 의사 전달 시스템을 형성한다. 이러한 규칙들은 우리가 자연스럽게 준수하지만 그 이유를 설명하기는 어렵다. 스미스 또한 자신의 언어에 대한 언급에서도 유사한 주장을 한다.[7]

이러한 호혜적인 사회 질서를 형성하기 위해서는 공존하는 방법을 배워야 한다. 우리 모두는 자신들의 욕구를 충족시키려 하지만 자주 다른 사람과 충돌하게 된다. 점진적으로 우리는 어떤 행동들이 다른 사람들에게 수용되어 파괴인 충돌을 야기하지 않는지를 배우게 된다. 또한 본성적인 인간적 감정이입을 통해 다른 사람들에게 피해를 주지 않으면서 자신의 이익을 추구할 수 있는 정의의 규칙을 고안한다.[8] 우리는 경

---

5) F. A. Hayek, *Studies in Philosophy, Politics and Economics*, Simon & Schuster, New York, 1967, ch. 6, "The results of human action but not of human design", pp. 96-105. 참조; E. Butler, *Hayek: His Contribution to the Political and Economic Thought of Our Time*, Temple Smith, London, 1983, ch. 1, "Understanding how society works" 참조.

6) Hayek, *Studies in Philosophy*, ch. 4, "Notes on the evolution of rules of conduct", pp. 66-81.

7) *Lectures on Retoric and Belles Letters* 참조.

제 영역에서뿐만 아니라 다른 사회 관계에서도, 비록 의도하지 않을지라도, 우리 모두에게 도움이 되는 방법으로 협력하는 것을 배운다.

8) *The Theory of Moral Sentiments*, part II, section II, ch. III.

7. 유명한 애덤 스미스 인용문

p. 105 스미스에 대한 더 광범위한 인용문을 얻기 위해서는 해거티(J. Haggarty)의 『애덤 스미스의 지혜(*The Wisdom of Adam Smith*)』(Liberty Fund, Indianapolis, IN, 1976)를 참조하기 바란다.

분업

분업에 의해 모든 기술의 생산성을 배가시킬 수 있고 이를 통해 잘 정비된 사회에서는 최하층 사람들에게까지 분배될 수 있는 보편적인 부를 창출한다.

The Wealth of Nations, Book I, ch. I, p. 22, para. 10

비교 우위

스코틀랜드도 유리와 온실 시설을 이용해 좋은 포도를 생산할 수 있다. 그리고 다른 나라에서 수입되는 수준의 포도주를 얻기 위해 30배의 비용을 들여서 양질의 포도주를 제조할 수도 있다. 이러한 경우 스코틀랜드에서 포도주 수입을 금지하고 프랑스 보르도산(産) 포도주(claret)와 프랑스 부르고뉴산(産) 포도주(burgundy)를 생산하도록 독려하는 법이 과연 정당한가?

The Wealth of Nations, Book IV, ch. II, p. 458, para. 15

p. 106 구입하는 경우보다 더 많은 비용을 초래하는 것을 집에서 제조하려고 시도하지 않은 것은 신중한 가장들의 기본적인 준칙이다. 일반 가정의 신중한 행동들은 거대한 왕국에서도 그대로 적용된다.

The Wealth of Nations, Book IV, ch. II, p. 456-7, paras 11-12

경쟁

일반적으로 만약에 특정한 산업 부문이나 직업 분야가 사회·일반 대중·경쟁 관계에 유익하다면 이러한 경향은 지속될 것이다.

The Wealth of Nations, Book II, ch. II, p. 329, para. 106

소비는 생산의 유일한 최종 목표이다. 따라서 소비자의 이해관계를 증진시키는 데 필요한 경우에 한해 생산자의 이해관계가 고려되어야 한다.

The Wealth of Nations, Book IV, ch. VIII, p. 660, para. 49

동종 업종의 왜곡

동일한 직종의 사람들은 유흥과 여가를 위해 좀처럼 만나지 않지만 공익에 반하는 음모와 가격 인상을 위한 모략에서는 대화가 이루어진다. 비록 법에 의해 동종 업계 종사자들의 모임을 억제하지 못하더라도 그러한 모임을 용이하게 하거나 더 나아가서는 필요하게 만들어서는 안 된다.

The Wealth of Nations, Book IV, ch. VIII, p. 145, para. c27

p. 107 특정 지역의 동종 업계의 종사자들로 하여금 그들의 이름과 주소지를 공적으로 등록하도록 규제하는 것은 그들의 모임을 용이하게 해 준다.

동종 업계의 종사자들로 하여금 조합원 중에서 가난하거나 병들거나 남편을 여의거나 고아가 된 경우 이를 지원하기 위해 경제적 부담을 징수하도록 하는 것은 그러한 모임을 필요하게 해 준다.

동종 업계의 협의체는 그러한 모임을 필요하게 만들 뿐만 아니라 전체를 하나로 묶을 수 있는 다수결의 규칙을 제정한다. 개방적인 분위기의 업계에서는 모든 업자가 만장일치로 동의하는 경우를 제외하고는 실효성 있는 모임을 결성할 수 없다. 그리고 모든 업자가 동일한 생각을 가지고 있을 때보다 더 오랫동안 지속할 수 없다. 그러나 다수결 원칙은 적절한 벌칙과 병행해 어떤 자발적인 모임보다 경쟁을 효과적으로 그리고 더 장기적으로 제한할 수 있는 규칙을 제정할 수 있다.

The Wealth of Nations, Book IV, ch. VIII, p. 145, paras c29-30

시장을 확대하고 경쟁을 억제하고자 하는 것은 상인들의 지속적인 관심사이다. 이러한 관점에서 제기된 거래에 관한 새로운 법과 규제에 대해서는 항상 주의 깊게 살펴보아야 한다. 매우 용의주도하고 의심스러운 관점에서 장기적이고 면밀하게 검토되기 전에 채택되어서는 안 된다. 경쟁을 억제하고자 하는 의도는 국민들과 상이한 이해관계를 보유하고 국민을 속이고 억압하려는 사람들과 자주 그랬던 사람들에 의해 제기된다.

The Wealth of Nations, Book I, ch. XI, p. 267, paras. 10

정부

p. 108 왕과 각료들이 국민 경제를 보살피거나 국민들의 지출을 제한하는 것처럼 가장하는 것은 가장 오만하고 뻔뻔스러운 일이다. 그들 자신은 항상 예외없이 한 국가 내에서 가장 방탕한 존재들이다. 그들에게 자신들의 지출을 잘 관리하도록 시킨다면 그들은 재산을 안전하게 민간인에게 위탁힐 것이다. 그들 자신이 방탕으로 국가를 망하게 하지 않는다면 국민들은 절대로 그런 일을 하지 않는다.

The Wealth of Nations, Book II ch. III, p. 346, para. 36

일반 국민으로 하여금 그들의 자본을 마땅히 이용해야 하는 방법으로 활용하도록 지도하는 정치가는 스스로가 매우 불필요한 짐을 부담하고 있는 형국이며, 특정 개인과 지방의회 혹은 중앙정부 의회 등을 제외한 다른 곳에 안전하게 위임될 수 있는 권한을 무리하게 떠맡고 있는 꼴이다. 실제로 자신들이 가장 적임자라고 착각하는 어리석고 뻔뻔스러운 사람들의 손처럼 위험한 곳은 없다.

The Wealth of Nations, Book IV, ch.II, p. 456, para. 10

과세

국민들의 호주머니에서 돈을 빼내는 기술만큼 정부가 빨리 배우는 기술은 없다.

The Wealth of Nations, Book V ch. II, part II, Appendix to articles I&II, p. 861, para. 12

모든 국가의 국민들은 각자의 능력에 비례해 최대한 정부를 지원하는 데 기여하도록 해야 한다.

The Wealth of Nations, Book V, ch. II, part. II, v.ii, p. 825, para. 3.

p. 109 개인들이 납부해야 하는 조세는 반드시 자의적이지 않고 분명해야 한다. 납세 시기·방법·규모 등은 납세자와 모든 국민이 이해하기 쉽도록 명확해야 한다.

The Wealth of Nations, Book V, ch. II, part II, p. 825, para. 4

모든 조세는 납세자가 납부하는 데 가장 편리한 시간과 방법으로 부과되어야 한다.

The Wealth of Nations, Book V, ch. II, part II, p. 826, para. 5

모든 조세는 전체 납세액과 단계별 과세액이 국고로 가능한 적게 들어가도록 설계되어야 한다.

The Wealth of Nations, Book V, ch. II, part II, p. 826, para. 6

주식의 소유자들은 세계인이고 반드시 특정 국가에 얽매일 필요가 없다. 그들은 부담해야 할 조세 규모를 평가하기 위해 귀찮은 조사를 받아야 하는 나라에서는 이탈하기가 쉽다. 그들은 자신의 사업체를 운영하거나 부를 향유하는 데 다소나마 편리한 곳으로 주식을 이전시킨다.

The Wealth of Nations, Book V, ch. II, article II, pp.848-9, para. f8

보조금

백청어 어업에 대한 장려금은 어선의 톤수를 기준으로 했다. 어선의 노력과 어획고보다는 어선의 화물에 비례해 장려
p. 110 금을 지급했다. 따라서 어선들이 물고기보다는 장려금을 확보하기 위해 행동하게 된다는 것은 매우 일반적인 경향으로 유감스럽게 생각된다.

The Wealth of Nations, Book IV, ch. v, p. 520, para. 32

수입 통제

부자가 가난한 사람보다 부지런한 이웃에게 더 좋은 고객이듯이 부자 나라도 이웃 나라에게 훌륭한 고객이 된다. 이웃 나라를 가난하게 할 목적으로 하는 무역 제한은 상업을 무의미하고 하찮은 것으로 만드는 경향이 있다.

The Wealth of Nations, Book IV, ch. III, part II, p. 495, para. c11

다른 고관세 국가에 대항하는 보복 관세가 효과적인가에 대한 판단은, 심의 활동이 항상 동일한 일반 원칙에 의해 통제를 받아야 하는, 입법가의 과학(science)에 속하지 않을 것이다. 오히려 그들의 위원회가 사안의 순간적인 변화에 영향을 받는 통속적으로 정치가라고 불리는 사람들의 교활하고 간교한 기교(skill)에 의해 이루어진다.

The Wealth of Nations, Book IV, ch. II, p. 468, para. 39

유인책

공공 서비스는 보상이 업무 수행의 결과에 따라서 그리고 업무 수행 과정 중에 발휘되었던 근면성에 비례해 배분될 때 가장 효과적으로 제공된다.

The Wealth of Nations, Book V, ch. I, part II, p. 719, para. b20

그릇된 유인책

p. 111 모든 사람은 가능한 편안하게 사는 것이 관심 사항이다. 자신의 보수가 힘든 일의 수행 여부와 관계 없이 동일하다면 업무 수행을 해태하든지 아니면 부주의하고 난잡하게 할 것이다.

The Wealth of Nations, Book V, ch. I, part III, article II, p. 760, para. f7

정의

만약 정의가 사라진다면 거대한 인간 사회의 조직은 한순간에 산산조각이 나고 말 것이다.

The Theory of Moral Sentiments, part II, section II, ch. III, p. 86, para. 4

국가를 가장 낮은 야만에서 가장 높은 풍요의 단계로 발전시키는 데에는 평화, 과도하지 않은 조세, 적절한 정의의 집행을 제외하고는 다른 것이 필요없다. 나머지 모든 것은 자연적인 과정을 통해 확보된다.

Lecture in 1755, quoted in Dugald Stewart, *Account of the life and writings of Adam Smith LID*, section IV, 15

인간의 감정이입

인간이 아무리 이기적일지라도 본성에는 몇 가지 원칙이 분명히 존재한다. 이는 옆에서 감상하는 재미를 제외하고는 아무것도 얻을 것이 없을지라도 다른 사람의 행운에 대해 관심을 갖게 하고, 다른 사람의 행복을 자신에게 필요한 것으로 만드는 것이다.

The Theory of Moral Sentiments, part I, section I, ch. I, p. 9, para. 1

개선의 욕구

p. 112 자신의 여건을 개선하고자 하는 개인들의 본성적인 노력은 매우 강력해서 다른 도움 없이도 독자적으로 사회를 부와 번영의 길로 인도하고, 잘못된 인위적인 법에 의해 야기된 수많은 부적절한 장애를 극복할 수 있다.

The Wealth of Nations, Book IV, ch. V, Digression on the Corn Trade, p. 540, para. b43

보이지 않는 손

부자들은 비록 자신의 천성적인 이기심과 탐욕에도 불구하고 빈자들보다 더 많이 소비하는 것은 아니다……. 그리고 그들은 자신의 성취의 결과를 가난한 사람들과 함께 나눈다. 그들은 동일하게 생활용품을 분배하도록 '보이지 않는 손'에 의해 조정된다. 만약 지구를 거주자별로 동일하게 나눌 수 있었다면 이것도 그렇게 했을 것이다. 그리고 그들은 의도하지도 인식하지도 않았지만 사회의 편익을 증대시키고 이를 배가할 수 있는 수단을 확보할 수 있다.

The Theory of Moral Sentiments, part IV, ch. I, pp.

184-5, para. 10

모든 개인은 공익을 증진하려고 의도하지 않을 뿐만 아니라 자신들이 얼마나 증진하고 있는지도 모른다……. 그들은 자기 자신의 안전만을 의도한다. 자신의 사업체를 가장 가치있는 생산물을 생산하도록 하는 방법으로 운영함으로써 이익을 얻고자 한다. 그는 다른 경우와 마찬가지로 이와 같은 방법으로 자신의 의도와 별개의 목적을 증진하도록 '보이지 않는 손'에 의해 인도된다.

The Wealth of Nations, Book IV, ch. II, p. 456, para. 9

p. 113 우리가 저녁을 먹을 수 있는 것은 도축업자 · 양조업자 · 제과업자의 자선 활동이 아닌 그들의 자기 이익에 대한 배려에서 비롯된다. 우리는 그들의 인간성이 아닌 그들의 자기 사랑에 대해 말한다. 그리고 우리는 우리의 필요성보다는 그들의 이익에 대해 그들과 이야기한다.

The Wealth of Nations, Book I, ch. II, pp. 26-7, para. 12

정부 계획

체계적인 사람은 자만에 빠지기 쉽다. 그리고 정부에 대한 자신의 이상적인 계획의 아름다움에 매료되어 자신의 계획으로부터 한 치의 오차도 허용하지 않는다……. 그는 자신이 체스판 위의 여러 체스를 손으로 쉽게 조정하듯이 거대한 사회의 다양한 요소를 조정할 수 있을 것으로 생각한다. 그는 인간 사회라는 거대한 체스판 위의 모든 체스는, 비록 입법부가 사회에 영향을 미치는 원칙과는 다를 지라도, 각각의 이동 원칙을 보유하고 있다는 사실을 고려하지 않는다.

The Theory of Moral Sentiments, part VI, section II, ch. II, pp. 233-4, para. 17

대학

옥스퍼드대학교의 많은 교수가 최근 몇 년 동안 가르치는 시늉조차도 포기했다.

The Wealth of Nations, Book V, ch. I, part III, article II, p. 761, para. 8

p. 114 일반적으로 대학의 교과과정은 정확하게 말한다면 학생들에 대한 혜택보다는 교수들의 이해관계를 위해 편성된다.

The Wealth of Nations, Book V, ch. I, part III, article II, p. 764, para. 15

부의 분배

대다수 사람의 환경을 개선하는 일은 전체에게 불편한 일로 간주될 수 없다. 더 많은 사회 구성원이 가난하고 비참하다면 사회는 결코 번창하거나 행복해질 수 없기 때문이다.

The Wealth of Nations, Book I, ch. VII, p. 96, para. 36

부의 결핍에 대한 불평만큼 더 일반적인 불평은 없다.

The Wealth of Nations, Book IV, ch. I, p. 437, para. 16

자유의 장점

거래에 대한 제약이 없다면 천부적인 자유에 기초한 분명하면서 단순한 시스템은 저절로 형성된다. 모든 사람은 그 자신의 방법으로 자기이익을 완벽하게 추구할 수 있는 자유를 갖게 된다. 국가는 인간의 지혜와 지식으로 감당할 수 없는 의무, 그리고 민간 사업체들을 감독하고 이들로 하여금 사회의 후생을 위해 적절한 고용을 유지하도록 지도하는 의무로부터 완전히 벗어나게 된다.

The Wealth of Nations, Book IV, ch. IX, p. 687, para. 51

8. 참고 문헌

애덤 스미스의 연구와 담론에 관한 글라스고의 출간물

p. 115 Bryce, J. C. (ed.) (1985), *Lectures on Rhetoric and Belle Letter*, Indianapolis, IN: Liberty Fund.

Campbell, R. H., and A. S. Skinner (eds) (1982), *An Inquiry into the Nature and Causes of the Wealth of Nations*, Indianapolis, IN: Liberty Fund.

Haakonssen, K., and A. S. Skinner (2003), *Index to the Works of Adam Smith*, Indianapolis, IN: Liberty Fund.

Meek, R. I., D. D. Raphael and P. G. Stein (eds) (1982), *Lectures on Jurisprudence*, Indianapolis, IN: Liberty Fund.

Mossner, E. C., and I. S. Ross (eds) (1987), *Correspondence of Adam Smith*, revised edn, Indianapolis, IN: Liberty Fund.

Raphael, D. D., and A. L. Macfie (eds) (1984), *The Theory of Moral Sentiments*, Indianapolis, IN: Liberty Fund.

Wightman, W. P. D., and J. C. Bryce (eds) (1982), *Essays on Philosophical Subjects*, Indianapolis, IN: Liberty Fund (this volume includes Dugald Stewart's

'Account of the life and writings of Adam Smith LLD').

애덤 스미스의 연구에 대한 다른 출간물

p. 116 Haggarty, J. (1976), *The Wisdom of Adam Smith*, Indianapolis, IN: Liberty Fund(collection of key quotations from Smith's works).

Heilbroner, R. L., with L. J. Malone (1986), *The Essential Adam Smith*, Oxford: Oxford University Press (abridged version of Smith's main writing, with introductory notes).

애덤 스미스와 그의 연구에 대한 저서

Buchan, J. (2006), *Adam Smith and the Pursuit of Perfect Liberty*, London: Profile Books(arguing that Smith's ideas do not fit within modern political categories).

Campbell, R. H., and A. S. Skinner (1982), *Adam Smith*, London: Croome Helm (biography with clear summaries of Smith's main works).

Fry, M. (ed.) (1992), *Adam Smith's Legacy*, London: Routledge(Smith's place in Modern economics, as seen by Paul Samuelson, Franco Modigliani, James Buchanan and other prominent economists).

Kennedy, G. (2005), *Adam Smith's Lost Legacy*, London: Kennedy argues that Smith is often misinterpreted today).

McLean, I. (2006), *Adam Smith: Radical and Egalitarian*, Edinburgh: Edinburgh University Press(the title says it all).

O'Rourke, P. J.(2006), *On The Wealth of Nations*, New York: Atlantic Monthly Press(witty but perceptive summary of Smith's main ideas).

p. 117 Rae, J. (1895), *Life of Adam Smith*, London: Macmillan (engaging biography, also reprinted in 1965 with an introduction by Jacob Viner).

Ross, I. S. (1995), *The Life of Adam Smith*, Oxford: Oxford University Press (full-scale biography by a leading Smith scholar).

West, E. G. (1976), *Adam Smith: The Man and His Work*, Indianapolis, IN: Liberty Fund(excellent overview of Smith's life and contribution).

애덤 스미스와 그의 연구에 대한 논문

Rosten, L. (1970), 'A modest man named Smith', in *People I Have Loved, Known, or Admired*, New York: McGraw-Hill.

Sprague, E. (1967), 'Adam Smith', in P. Edwards (ed.), *The Encyclopedia of Philosophy*, London and New York: Collier Macmillan (straightforward and concise exposition, concentrating on Smith's moral philosophy).

DVD

Adam Smith and the Wealth of Nations, Indianapolis, IN: Liberty Fund.

논평: 오늘날, 애덤 스미스의 적실성*

크레이그 스미스(Craig Smith)

p. 118 스미스는 모든 사람에게 특히 그의 고국 스코틀랜드에서는 유명한 인물이다. 그를 기리는 동상이 에든버러에 세워지고, 은행권 지폐는 그 초상을 담고 있으며 어떤 대학과 극장은 그 이름을 따라 명명되고 있다. 나 역시 글라스고대학교의 애덤 스미스 빌딩에서 이 글을 쓰고 있다. 그러나 불행하게도 많은 사람은 그가 실제로 생각했던 것에 대한 이해와 존중 없이 단지 기억하고 찬양하고 있을 뿐이다. 스미스는 스코틀랜드·영국, 더 나아가서는 유럽이 낳은 가장 심오한 사상가 중의 한 사람이다. 이번의 『애덤 스미스의 이해(*Adam Smith —a Primer*)』가 광범위한 대중의 무지를 바로잡는 기회가 되었으면 한다.

내가 스미스를 처음으로 접촉하게 된 계기는 수업을 생동감 있게 하기 위해 『국부론』의 사례를 활용했던 고등학교의 선구자적인 경제학 선생님이었다. 수요일 네 번째 수업은 핀 제조자, 모직 코트 노동자, 도축업자, 양조업자, 제빵업자 등의 사례로 지적 즐거움이 가득했다. 내가 그렇게 위대한 학자의 연구를 일찍 경험하게 된 것은 행운이었다. 그리고 학부 수업의

---

* 이 글을 쓰던 당시 크레이그 스미스는 글라스고대학교 정치학과의 브리티시 아카데미(British Academy) 박사후 과정 연구원이었다. 이 책이 출간될 쯤에는 세인트 앤드류대학교(University of At Andrews)의 도덕철학과에서 강사로 일할 것이다.

일부로서 스코틀랜드 계몽주의(Scottish Enlightenment)에 관한 수업을 받을 수 있었던 것도 더 큰 행운이었다.

유감스럽게도 내가 즐겼던 스미스의 사상에 대한 조기 경험
p. 119 은 오늘날에는 거의 찾아볼 수 없다. 오늘날 많은 학생과 일반인들은 스미스에 대해 읽지 않고 있으며 중등학교와 대학교에서도 필요한 만큼 가르치지 않고 있다. 이것은 매우 부끄러운 일이다. 특히 많은 경제학과 학부 학생이 자신들의 학문 창시자에 대해 개론적인 수업만을 받고 있다는 것은 불행한 일이다. 많은 경제학과 교과과정은 (핀 제조의 사례를 들어) 분업에 대한 개론 강의에서 스미스가 간결한 추상적인 용어로 정의했던 원칙에 대한 논의에 앞서 그를 간단히 언급한다.

이는 유감스러운 일이다. 스미스는 250년 전과 마찬가지로 지금도 접근 가능한 형태로 저술되어 있다. 그의 저술들은 영감을 불어넣고 눈을 뜨게 하는 풍부하고 다양한 언급들로 이루어져 있다. 스미스의 연구는 복잡한 사회가 실제로 움직이는 과정과 방법에 대한 이해를 제공하고자 한다. 스미스의 학문은 개인 간의 상호 작용과 상호 의존성이 현실적으로 중요하다는 인식을 핵심으로 하고 있다. 이러한 상호 작용과 상호 의존성은 오늘날 우리가 살고 있는 현실인 것이다.

세계화 시대에 스미스의 국내외 거래에 관한 연구는 오늘날 우리의 생활을 형성하는 핵심적인 요인들을 직접적으로 다루고 있다. 그는 우리와 다른 시대에 저술 활동을 했다. 그럼에도 불구하고 중상주의와 자의적인 정치적 개입의 오류와 불신에 대한 그의 분석은 상업이 교환의 분명한 효과에도 불구하고 이를 반대하는 사람들에 의해 쉽게 무시되는 세상인 오늘날에도 타당하다.

스미스는 지식인들 사이에 상당수의 반대자를 보유하고 있다. 그러나 그들은 스미스의 연구를 좀 더 심도 있게 읽고 이해했더라면 그를 이기주의자들의 대변자라고 비난하지 않았을 것이다. 『도덕적 감정론(*The Theory of Moral Sentiments*)』은 감정이입(empathy)을 인간 경험의 핵심에 정확하게 자리매김한 매우 인본주의적인 도덕심리학(moral psychology)의 연구이다. 스미스는 장년 시절에는 일상적인 인간의 경험을
p. 120 연구하고 설명하는 데 시간을 보냈다. 그렇다고 그는 완벽한 미덕의 달성 불가능한 이상에 얽매이지 않았다. 대신에 평범한 개인들이 실제로 어떤 사회적인 상호 작용과 어떤 도덕적 결정을 하는가에 대해 연구 시간을 할애했다.

그리고 어떤 피상적인 비판가들이 의문을 제기하는 것처럼 『국부론』에서의 교환(trade)에 대한 연구와 『도덕적 감정론』에서의 공감(sympathy)에 대한 분석 간에는 모순이 존재하지 않는다. 실제로 이 둘은 인간의 경험적인 측면들이다. 그리고 스미스는 양자가 인간 사회 생활에서 내포하고 있는 의미를 분석하는 데 동일한 개념적 노력을 기울였다.

스미스의 연구는 인간 사회 생활의 경험적 현실을 이해하고자 하는 열정에 토대를 둔다. 예를 들어 과도한 정치적 간섭에 대한 그의 비판은 상업적 교환의 현실에 대한 사실적 분석에 기초를 두고 있다. 개인들 간의 교환에 의해 발생하는 생산적인 편익의 사례는, 그가 자주 비난하는, 부자들보다는 가난한 사람들에 관한 것이라는 사실이 자주 간과되고 있다. 실제로 스미스는 교환은 모든 사람, 특히 사회의 최저층 사람들에게 혜택을 준다고 믿었다.

스미스의 연구는 자유로운 사회의 지탱에 필요한 기본적인

원칙과 제도를 정확하게 분석하고 있다. 법과 정의에 의한 지배는 모든 사람에게 도움이 되는 원초적인 자유(natural liberty)를 확보할 수 있는 간결하고 분명한 기본 틀을 제공한다. 반면에 구성원들이 공유하는 도덕적 관행의 진화는 인간 공동체의 생활을 지속적으로 유지시켜 준다.

스미스가 우리에게 제공한 현대 사회에 관한 주요한 유산은 '보이지 않는 손' 혹은 더 나아가 '의도하지 않은 결과'에 의한 사회 진화의 아이디어이다. 스미스의 친구 애덤 퍼거슨(Adam Ferguson)이 언급한 바와 같이, 인간의 가장 중요한 성취들은 의도적인 인간의 설계(design)가 아닌 자연스러운 인간 행동(action)의 결과라는 인식은 우리 모두에게 중요한 교훈을 준
p. 121 다. 스미스가 고상한 목표와 미덕의 달성을 위해 인류를 조직화할 수 있는 체계적인 인간(men of system)에 대해 의구심을 갖게 된 것은 바로 이러한 언급에서 비롯되었다.

스미스는 현실적이고 신중한 사람이었고 그의 생각은 특정한 정치 이데올로기에 쉽게 빠져들지 않았다. 그렇다고 해서 스미스가 급진적인 사상가로 평가되어서는 안 된다고 말하는 것은 아니다. 실제로 그 당시 그의 아이디어는 혁명적이었다. 오늘날 그의 아이디어는 인본주의적이고 진보적이라고 적절히 표현될 수 있는 정치적 입장을 견지한다. 스미스의 아이디어는 현대의 정치적 견해의 정립된 가정에 대해 도전한다는 의미에서 여전히 급진적이라고 할 수 있다. 그러나 만약 오늘날의 더 많은 정치가가 스미스의 연구를 진지하게 읽고 이해했다면 급진적 것처럼 보이는 것도 상식적이고 진정으로 사실에 기초한 충고로 인식될 수 있을 것이다.

학문적인 영역에서 스미스에 대한 연구는 왕성한 열기를 유

지한다는 점에 대해서는 의심의 여지가 없다. 2000~2004년 기간 동안 전 세계에서 14명 이상의 대학원생들이 애덤 스미스에 대한 주제로 박사학위 과정을 수료했다. 그들은 학문 영역의 경계를 초월하는 애덤 스미스 학파의 국제 공동체에 참여한다. 국제 애덤 스미스 협회(International Adam Smith Society)가 발행하는 연간 『애덤 스미스 연구(*Adam Smith Review*)』는 그에 대한 학문적 관심과 열기를 보여 주는 증표이다. 스미스 학파와 별도로 스미스에 의해 영감을 받은 학자들의 건전한 공동체가 또 하나 있다. 이들 학자가 스미스로부터의 영감을 자신들의 연구에 적용할 수 있는 충분한 공간이 존재한다. 스미스가 제기했던 '현저하게 현대적인' 과학 이론에 대한 관심이 점증하고 있다. 그의 도덕성에 대한 사회심리학(social psychology of morality)은 진화론적 심리학(evolutionary psychology)이라는 새로운 하부 학문에서 매우 고무적인 연구 분야이다. 반면에 언어와 심미학(aesthetics)에 대한 그의 이론은 아직 미답(未踏)의 영역으로 남아 있어 학자들에게 풍부한 연구 자료를 제공하고 있다. 버틀러 박사의 이번 스미스 입문서가 훌륭하게 제시하는 바와 같이 스미스는 광범위한 지적 유산을 남겼다. 그러나 그는 하나의 미완의 유
p. 122 산도 남겼다. 스미스 사상의 함의에 대한 연구는 평생 동안 지속될 수 있는 풍부하고 흥미 있는 연구 주제를 제공한다.

스미스는 우리에게 놀랍도록 풍부한 학문적인 유산을 남겼다. 그는 오늘날 우리가 살고 있는 세계를 형성하는 데 도움을 주고 있는 인물이다. 또한 그는 오늘날 우리가 살고 있는 세계를 이해할 수 있는 지적인 도구 상자를 제공하는 인물이다. 그의 연구들은 더 광범위하게 읽혀져야 하고 더 분명하게 이해

되어야 한다. 만약에 이러한 일이 이루어진다면 그의 아이디어가 제공하는 영감의 힘은, 그의 식견이 그 당시의 시대를 개화시켰던 것처럼, 오늘날 우리의 세계를 개화시키는 데 도움을 줄 수 있을 것인데 아직은 아쉬움이 남아 있다.

찾아보기

옮긴이 소개

김정완(金政完)

- 전남대학교 행정학박사
- 광주전남발전연구원 책임연구원(역)
- 행정안전부, 지방재정발전기획단(역)
- 중앙인사위원회, 행정고시 위원(역)
- 한국정책연구, 편집위원장(역)
- 미국 캔자스대학교, 객원교수(역)
- 경기도, 경기재정포럼 연구위원(현)
- 경실련, 정부개혁위원회 위원(현)
- 현) 대진대학교 행정학과 교수

〈주요 저서〉

『지방재정의 이론과 실제』, 도서출판 대영문화사, 2009
『공공선택론: 정부실패(역)』, 도서출판 대영문화사, 2005
『뉴케인즈 경제정책(공역)』, 도서출판 동인, 1999
『지방재정학(공저)』, 도서출판 박영사, 1997

애덤 스미스의 이해

펴낸날 / 제1판 제1쇄 2012년 3월 5일
지은이 / 이먼 버틀러
옮긴이 / 김정완
펴낸이 / 임춘환
펴낸곳 / 도서출판 대영문화사
주소 / 서울 용산구 청파동 1가 178-2 ㊐ 140-869
등록 / 1975년 12월 26일 제3-16호
전화 / (02)716-3883, (02)714-3062
팩시밀리 / (02)703-3839
우체국 온라인 / 011353-02-009106

ISBN 978-89-7644-392-2

〔값 9,000원〕